행복을 끌어당기는 뇌과학

BRAIN SCIENCE

행복을 끌어당기는 뇌과학

──────── 운과 인생이 좋아지는 비밀

이와사키 이치로 지음
김은선 옮김

THE NAN
더난콘텐츠

지금까지 당신의 인생은 어떤 인생이었는가?
행복을 얻기 위해 열심히 노력했지만
뜻대로 되지 않아 좌절했는가?

**지금부터 이야기할 내용은 과학적으로 증명된
'행복해지는 방법'이다.**

사람은 누구나 훌륭한 면모를 지니고 있다.
뇌를 제대로 쓸 줄 알면 그것이 빛나기 시작한다.
뇌를 제대로 사용하기 위한 훈련이 바로 '뇌 단련'이다.

최신 뇌과학으로 도출한
—— '뇌 단련' 방법 ——

| 뇌를 단련하면 인생이 달라진다 |

"사람은 누구나 행복해지길 바라고, 어떻게 하면 더 행복하게 살 수 있을지를 항상 고민하기 마련이야."

20대 초반 미국 유학 시절에 만난 내 친구는 나에게 이렇게 말했다. 그 말을 듣고 '사람은 모두 그렇단 말인가!' 하고 큰 충격을 받았다.

나에게 삶은 그저 고통일 뿐, '행복한 삶'이란 것은 단 한 번도 생각해 본 적이 없었기 때문이다. 그러나 지금의 나는 저 말에 순순히 동의할 수 있다.

과연 어떻게 해야 지금보다 더 행복하게 살 수 있을까?

"돈이 더 많아지면……."

"머리가 더 좋아지면……."

"일을 더 잘하면……."

"지금보다 더 건강해지면……."

"유명해지면……."

그 답은 사람마다 다르겠지만, 수많은 논문과 근거 자료를 바탕으로 뇌과학의 관점에서 내가 도출한 답은 이렇다.

"뇌를 단련하면 우리는 더 풍요롭고 행복하게 살 수 있다."

뇌를 꾸준히 단련하면 '경제적 안정과 풍요', '직업에 대한 자긍심', '일하는 보람', '마음이 통하는 사람들', '건강' 그리고 '삶의 기쁨'을 모두 얻을 수 있다.

"뇌를 단련한다? 어떻게?" 하고 의아해할지도 모르겠다. 장인의 경지에 이르려면 경험을 통해 실력을 쌓아야 한다. 뇌도 마찬가지다. 특정한 방법으로 뇌를 계속 사용하면 뇌가 단련된다.

이 책에서는 그 방법을 '뇌 단련'이라고 부르기로 한다. '뇌 단련'은 누구나 일상 속에서 실천할 수 있는 행복해지는 습관이다.

| 다수의 기업이 '뇌 단련'을 도입해 효과를 얻고 있다 |

'뇌 단련'에 관해 이야기하기 전에 잠시 내 소개를 하겠다. 나는 미국 노스웨스턴대학교 의과대학 뇌신경과학연구소에 재직한 경력이 있으며, 25년 이상 뇌과학을 연구했다.

긴 세월 동안 의학의 발전에 기여하고자 연구해왔지만, 어느 날 문득 이 세상과 사람들에게 더욱 직접적으로 도움이 되는 활동을 하고 싶다는 생각이 들었다.

1970년대부터 뇌과학은 '어떻게 하면 행복한 삶을 살 수 있을까', '행복이란 무엇을 의미하는가'라는, 인간의 삶에 있어 중대한 과제에 도전해왔다. 그로부터 50년간 차곡차곡 그 성과가 축적돼 왔으며, 지금도 연구는 계속되고 있다.

이 같은 성과를 실생활에 적용한다면 지금보다 더 풍요롭고 행복한 삶을 꿈꾸는 사람들에게 분명 도움이 될 것이라는 생각이 들었다. 그래서 연구기관이나 대학에 머물기보다는 더 넓은 세상으로 나와 더 많은 사람에게 '뇌과학적으로 행복하게 살 수 있는 방법'을 알려주기로 마음먹었다.

그리하여 아내와 함께 회사를 설립해 과학적 근거에 바탕을 둔 '풍요롭고 행복하게 살아가는 방법'을 세상에 전파하기 시작했다. 그 중심에 있는 것이 바로 '뇌 단련'이다.

현재 우리 회사는 주로 기업에 연수를 제공하고 있다. 지금까지 다양한 업종·업태의 크고 작은 기업을 대상으로 '인생을 풍요롭게 만드는 뇌 훈련 연수'를 실시하며 '뇌 단련'의 비법을 공개해왔다.

많은 기업이 우리의 연수를 도입하는 이유 중 하나는 '뇌 단련'이 '직원 개개인의 행복하고 풍요로운 삶'과 '기업의 실적 증대'라는 두 마리의 토끼를 잡는 확실한 방법이기 때문일 것이다. 실제로 연수에 참가한 사람들은 다음과 같이 이야기한다.

"세상을 바라보는 시각이 달라졌다."

"리더의 소임은 아랫사람을 관리하는 것이라고 생각했는데, 서로 신뢰할 때 비로소 동기가 부여되고 업무 퍼포먼스가 향상된다는 것을 깨달았다."

"감사하는 마음이 뇌에 어떤 영향을 미치는지, 그 과학적 의미를 알게 됐다."

| 살아가는 것 자체가 고역이었던 내가 얻은 깨달음 |

이처럼 자신 있게 '뇌 단련'을 추천하는 것은 무엇보다 나 자신에게 커다란 변화가 일어났기 때문이다.

서두에서 친구로부터 "사람은 누구나 행복해지길 바라고, 어떻게 하면 더 행복하게 살 수 있을지를 항상 고민하기 마련이야"라는 말을 듣고 큰 충격을 받았다고 했는데, 그 이유는 그때까지 '행복해지고 싶다'고 생각한 적이 단 한 번도 없었기 때문이다. 나를 제외한 세상 사람 모두가 행복해지길 바란다니……!!

그때 난생처음 '어떻게 하면 행복해질 수 있을까?'를 생각했다. 그리고 도출한 결론은 '태어나지 않았더라면 분명 행복했을 것이다'였다. 이제 와 돌아보면 나는 심각하게 부정적인 인간이었던 것 같다. 당시의 나는 살아가는 것 자체가 견디기 어려운 고역이었기 때문이다.

그로부터 30여 년이 흐른 지금, 나는 행복하게 살고 있다. 행복의 정의는 사람마다 다르겠지만, 예전의 나는 갖지 못한 것을 지금의 나는 가지고 있어서 행복하다.

그것은 '마음이 통하는 사람들', '그들과 함께하는 즐거운 시간', '누군가를 기쁘게 하는 일'과 '거기에 몰두하는 시간', '그에 따른 경제적 보상', '만물에 대한 고마움', 그리고 무엇보다 '지금 이렇게 살아 있음에 대한 감사' 등이다. 그리고 내가 변화하는 과정에 '뇌 단련'이 함께했다.

| 철저한 과학적 검증을 통해 탄생한 '뇌 단련' |

대학원 시절까지만 해도 행복해지고 싶다는 생각을 해본 적 없는 나였지만, 박사학위를 취득하고 연구자의 길을 걸으며 심경의 변화가 일어나기 시작했다.

마음 한구석에서 '지금과는 다른 내가 되고 싶다'는 생각이 싹트면서 그 생각을 실현하기 위한 행동을 시작한 것이다. 명색이 뇌과학자인 만큼, 그 행동의 대부분은 과학적 근거에 바탕을 둔 것이었다.

권위 있는 철학자나 성공한 사업가의 저서에서 '행복한 삶을 살 수 있는 방법'을 발견하고 고개가 끄덕여지더라도, 그것을 뒷받침할 과학적 근거를 찾아내는 것을 원칙으로 삼았다. 복수의 논문을 통해 뇌과학적으로도 타당하다는 판단이 서야 비로소 그 방법을 실천하고 결과를 확인했다.

하지만 뇌는 자기중심적으로 사물을 바라보기 때문에 변화가 일어나더라도 곧바로 알아차리지 못하는 경우가 많다.

주위 사람의 반응이 전보다 좋아졌다고 느껴지거나, 가까운 사람으로부터 "요즘 어딘가 달라진 것 같네"라는 말을 듣고 나서야, 즉 외부 환경의 변화를 감지함으로써 비로소 자신의 변화를 깨닫게 된다. 나 또한 결과를 인지하기까지 시간이 걸렸다.

그래도 덕분에 '뇌를 이렇게 사용하면 이런 변화가 일어난다'는 깨달음을 하나하나 몸소 실감할 수 있었다. 이 같은 체험은 '풍요롭고 행복하게 살아가기 위한 뇌 사용법'을 체계화하는 데 큰 도움이 됐다.

이런 과정을 거쳐 탄생한 것이 '뇌 단련'이다. 그것을 완성하기까지는 긴 시간이 걸렸지만, '뇌 단련'의 방법 자체는 매우 간단해서 누구나 쉽게 실천할 수 있다.

'뇌 단련'의 방법은 이미 과학적 근거에 바탕을 두고 있지만, 이 책을 쓰면서 다시 한번 최신 논문을 포함해 250편이 넘는 논문을 검토했다.

우리의 행동이 몸과 마음에 어떤 영향을 미치는지를 이야기하기에 앞서 그 근거가 되는 논문들을 찾아 읽고 그중 가장 뛰어난 연구를 발췌해 이 책에 소개했다.

| 열쇠는 '뇌섬엽'을 단련하는 것 |

지금까지 뇌과학에서는 고차원적 기능을 담당하는 전전두엽, 기억에 깊이 관여하는 해마, 그리고 의욕을 좌우하는 중뇌의 도파민 세포 등을 주로 연구해왔다.

그런데 최근 그동안 주목받지 못했던 뇌의 특정 부위에 '풍요롭고 행복한 삶을 위한 비밀'이 숨겨져 있다는 사실이 밝혀졌다. 그중 하나가 바로 '뇌섬엽'이다.

뇌섬엽은 뇌 안쪽 깊이 묻혀 있어 접근이 어려운 탓에 그동안 연구가

지지부진했는데, 최근 '뇌섬엽을 단련해 뇌 전체를 균형 있고 유기적으로 사용하면 풍요롭고 행복한 삶을 살 수 있다'는 사실이 과학적으로 밝혀진 것이다.

즉, '뇌 단련'은 '뇌섬엽'을 훈련해 뇌 전체를 균형이 있고 유기적으로 사용하는 방법이라고 할 수 있다.

뇌의 각 부위는 기억, 이성 등 저마다 고유한 역할을 담당하는데, 그중 뇌섬엽은 사회적 감정, 도덕적 직관, 공감, 음악에 대한 정서적 반응, 의존, 고통, 유머, 다른 사람의 표정에 대한 반응, 구매 여부 판단, 음식 취향 등 매우 광범위한 기능에 관여한다.

만약 뇌섬엽에 장애가 생기면 무기력해지고 상한 음식을 먹어도 이상을 알아차리지 못한다. 또 뇌섬엽으로 들어온 정보는 뇌의 다른 부위, 특히 전대상피질과 전두엽으로 전달돼 의사 결정에도 관여한다.

이처럼 뇌섬엽은 폭넓은 영역에서 활약하고 있는데, 더 중요한 특징은 뇌에서 '허브(중계지점)'의 역할을 한다는 점이다.

외부에서 들어오는 자극과 내부 감각을 연결하고, 다른 사람의 감정과 자신의 감정을 연결하며, 과거의 자신과 지금의 자신, 지금의 자신과 미래의 자신을 연결하는 시간적 허브의 역할도 한다. 이를 통해 우리는 다른 사람을 이해하고 공감할 수 있게 된다.

다시 말해, 뇌섬엽의 기능을 높이면 타인과 원만한 심리적 유대를 맺을 수 있고, 어떤 과거를 가지고 있든 과거의 자신을 있는 그대로 받아들이게 된다. 그뿐 아니라 뇌의 다른 부위와 연결돼 있는 뇌섬엽을 단련하면 뇌 전체가 활성화돼 뇌가 본래 지니고 있는 능력을 더 쉽게 끌어낼 수 있다.

이 책에서 소개하는 '뇌 단련'의 방법은 곧 '뇌섬엽'을 단련하는 방법이며, 나아가 뇌 전체를 균형 있고 유기적으로 사용하는 방법이다.

| 누구나 할 수 있는 '뇌 단련'의 포인트 6가지 |

그렇다면 '뇌 단련'은 어떻게 할 수 있을까? 그리고 그것은 어떻게 풍요롭고 행복한 삶으로 이어지는 걸까?

자세한 내용을 설명하기 전에 그 포인트를 살펴보자. '뇌 단련'의 포인트는 다음 여섯 가지다.

- 매사에 감사하기
- 긍정적 마인드 지니기
- 마음이 통하는 사람들과 함께하기
- 이타심 기르기
- '마인드풀니스' 실천하기

어쩌면 그다지 새로운 것이 없다고 생각될지도 모르겠다. 그리고 '지금보다 더 풍요롭고 행복하게 살 수 있는 방법' 치고는 다소 의외라고 생각되는 내용일 수도 있다.

"지금보다 더 높은 소득을 원한다면 매사에 감사하고 긍정적인 마인드를 지니라"는 말이 잘 이해되지 않는 사람도 있을 것이다. 나 또한 그랬다. 기존의 뇌 사용 방식에서 아직 벗어나지 못했기 때문이다.

"지금보다 돈을 더 잘 벌면 행복할 텐데……", "더 좋은 대학에 입학했더라면 인생이 달라졌을 텐데……" 등, 우리는 '행복해지고 싶다'고 생각할 때 자기도 모르게 틀에 박힌 방식으로 뇌를 사용한다.

풍요롭고 행복한 삶을 살기 위해서는 먼저 뇌를 사용하는 방법을 바꿔야 한다. 약간의 변화로는 부족하다. 꽤나 과감한 변화가 필요하다. 개중에는 지금까지와는 정반대의 방법에 도전해야 하는 것도 있다.

한 명이라도 더 많은 사람이 '뇌 단련'을 통해 행복한 삶을 살 수 있기를.

이것이 이 책을 집필한 나의 바람이며, 수많은 과학적 근거가 변화의 원동력이 될 것으로 믿는다.

'뇌 단련'은 누구나, 어떤 상황에 처해 있든 할 수 있다. 그리고 그것

을 이해하면 삶이 약동하기 시작하며 행복하고 풍요로운 삶을 살게

될 것이다.

● 목차 ●

1장 과학적으로 행복해지는 '뇌 사용법', 행복해지지 못하는 '뇌 사용법'

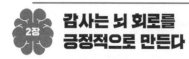

감사는 뇌 회로를
긍정적으로 만든다

2장

긍정적 마음가짐은
뇌과학적으로 인생을 바꾼다

3장

6장 몸과 마음을 가다듬어 뇌를 성장시키는 '마인드풀니스'

7장 대자연에 압도당하는 '대자연 체험'으로 뇌가 바뀐다

8장 뇌를 단련하면 인생이 바뀐다

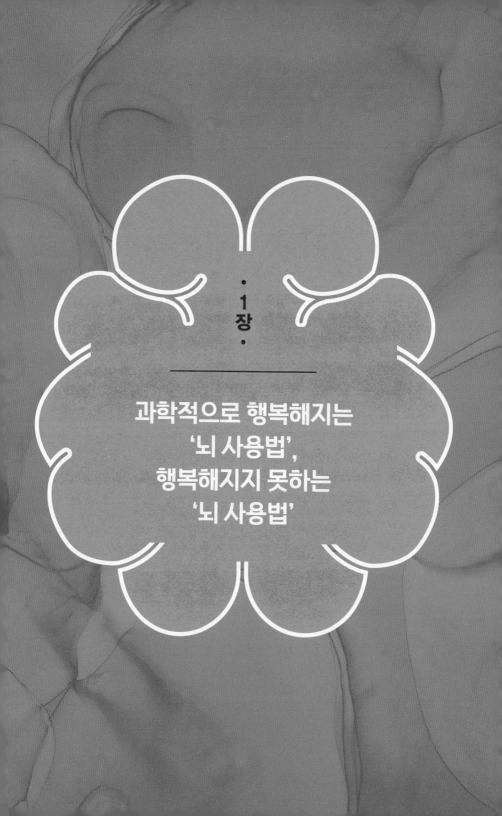

· 1 장 ·

과학적으로 행복해지는
'뇌 사용법',
행복해지지 못하는
'뇌 사용법'

"뇌를 단련하면 풍요롭고 행복하게 살 수 있다."
프롤로그에서 이렇게 이야기했는데,
이를 바꿔 말하면 다음과 같다.
"뇌 사용법을 바꾸면 풍요롭고 행복하게 살 수 있다."

'풍요롭고 행복한 삶'을 소망할 때 우리는 과연
옳은 방법으로 뇌를 사용하고 있을까?
지금부터 기존의 뇌 사용법이 과연 옳은지 검증하고자 한다.
그리고 '행복한 사람의 뇌'를 과학적으로 분석하고,
어떻게 하면 그런 뇌를 가질 수 있을지 설명한다.

'행복해지고 싶다'고 생각하면 행복은 멀어진다

'행복'을 소망할 때 우리는 당연히 '행복해지고 싶다! 행복해지자!'라는 생각부터 한다.

그런데 과연 그렇게 하면 행복해질 수 있을까? 결론부터 말하자면, '행복해지고 싶다'는 생각은 '현실의 행복'에서 오히려 멀어지게 한다.

미국 덴버대학교 모스(Mauss, I.B.) 박사 팀은 평균연령 만 21세의 여성 69명을 두 그룹으로 나눈 뒤 다음과 같은 실험을 진행했다.

첫 번째 그룹은 먼저 '긍정적 마인드가 성공으로 이어진다'는 내용의 강의를 듣게 했다. 구체적으로는 '긍정적 마인드를 지녀야 좋은 직장에 취직해 높은 연봉을 받고 좋은 사람들과 유대를 맺을 수 있다'는 내용이었다.

두 번째 그룹은 어떤 강의도 듣지 않았다.

그 다음 두 그룹 모두 두 편의 영화를 관람하게 하고 감정의 변화를 살펴봤다.

첫 번째 영화는 열심히 노력한 피겨 스케이트 선수가 금메달을 따 관객이 열광하는 장면으로 끝나는 해피엔딩이고, 두 번째 영화는 서로 사랑하며 행복하게 살던 부부가 함께 춤을 추던 도중 갑자기 아내가 숨을 거두고 남편이 홀로 남겨지는 새드엔딩이었다.

실험 결과는 모두의 예상을 뒤집는 것이었다.

강의를 듣지 않은 두 번째 그룹이 강의를 들은 첫 번째 그룹보다, '행복한 결말의 영화를 본 후 긍정적 감정이 들었다'고 답한 사람의 비율이 30% 더 높게 나타난 것이다.

또 첫 번째 그룹은 해피엔딩의 영화를 봤을 때와 새드엔딩의 영화를 봤을 때의 감정 상태가 거의 같았는데, 그것은 두 번째 그룹이 새드엔딩의 영화를 봤을 때의 감정과 비슷했다.

'긍정적 마인드가 성공으로 이어진다'는 강의를 들은 피험자들은 영화를 보는 내내 '긍정적 마인드를 가져야 한다(그렇지 않으면 성공할 수 없다)'는 의식이 발동했을 것이다.

별생각 없이 영화를 봤다면 '대단하다!', '해냈구나!' 하고 긍정적 감정이 들었을 테지만, '긍정적 마인드를 지녀야 한다'는 강박 때문에 자연스러운 감정을 느끼지 못한 것이다.

사람은 누구나 지금보다 더 행복해지기를 바란다. 그러나 이 실험 결과를 보면, '행복해지고 싶다'는 생각이 오히려 행복한 마음이 드는 것을 방해한다는 사실을 알 수 있다.

그렇다면, 풍요롭고 행복한 삶을 살기 위해서는 '행복해지자', '행복해지고 싶다'는 생각을 하지 말아야 할까?

답을 말하자면, 그렇다. 이 단계에서는 아직 납득하기 어렵겠지만, 행복을 갈구하면 오히려 행복으로부터 멀어질 뿐이다.

뇌 단련
POINT

'행복'을 갈구하지 않는다.
'긍정적 마인드를 지녀야 한다'는 강박을 버린다.

우울한 사람은
어째서 행복해지기 어려울까

행복해지길 바라는 마음의 밑바탕에는 '지금은 행복하지 않다'는 생각이 깔려 있다. 이미 충분히 행복하다고 느끼는 사람은 행복을 바랄필요가 없다.

즉, '행복해지고 싶다'는 생각이 든다는 것은 '현재 상황에 만족하지못하고 있다'는 뜻이며, 이는 행복을 멀어지게 하는 요인으로 작용한다.

이를 증명하는 것이 미국 하버드대학교 러너(Lerner, J.S.) 박사 팀의연구 결과다. 연구팀은 202명의 피험자에게 다양한 감정이 유발되는영상을 보여주고 뇌의 반응을 관찰했다.

또 피험자들에게 '지금 돈을 받을 것인지', '나중에 더 많은 돈을 받을 것인지' 선택하게 했다. 이때 '지금 당장 돈을 받으면 20달러, 1년을 기다리면 100달러', '지금 당장 돈을 받으면 10달러, 나중에 받으면 ○○달러' 등 27가지 선택지를 제시했다.

그 결과, 평소 우울한 감정에 빠져 지내는 사람은 영상을 본 후 보통 사람보다 2.2배 더 큰 슬픔을 느꼈으며, 미래에 더 큰 가치를 얻을 수 있음을 알면서도 인내심을 발휘하지 못하고 눈앞의 이익을 취하는 비율이 높게 나타났다.

일례로 "1년을 기다리면 100달러를 받을 수 있지만, 지금 당장 돈을 받을 수 있다면 금액을 얼마까지 낮출 수 있는가?"라는 질문을 던졌을 때, 보통 사람은 "19달러"라고 대답했지만, 우울감에 빠져 있는 사람은 '4달러'까지 그 하한선이 내려갔다. 이는 우울한 사람은 미래의 가치를 평가절하하는 경향이 있음을 의미한다.

사람은 본래 미래의 가치를 낮게 평가하는, 즉 미래의 가치보다 현재의 가치를 중시하는 성향을 지니고 있다.

예컨대, 달콤한 음식을 먹지 않고 다이어트에 성공하는 것이 몇 배는 더 가치 있다는 것을 알면서도 눈앞에 놓인 케이크를 먹는 즐거움을 선택하는 것이다.

이처럼 시간의 경과에 따라 가치를 절하하는 뇌의 특성을 '타임 디스카운트'(또는 '딜레이 디스카운트')라고 한다. 우울한 사람에게는 '타임 디스카운트'가 훨씬 강하게 작용한다.

또 이 실험에서는 '늘 우울한 사람은 감정적 결핍을 물질로 채우려 한다'는 사실도 밝혀졌다. 더욱이 그것이 '조만간'이 아닌 '지금 당장'이어야 한다는 점에서 '충동적 선택'을 하는 경향이 있다는 점도 알게 됐다.

물론 '지금보다 행복해지고 싶다'고 생각하는 사람 중에도 비관적인 생각이나 우울감과 거리가 먼 사람이 있을 수 있다. 만약 그렇다면 '부정적 사고는 행복을 멀어지게 한다'는 사실만 기억하길 바란다.

| 뇌 단련 POINT | 우울감에 빠져 있거나 부정적 사고방식을 지니면 미래의 가치를 평가절하하게 된다. |

연봉 8,000만 원까지만 '돈'과 '행복'이 비례한다

'돈만 있으면 행복해질 수 있다.'

'돈이 행복을 좌우한다.'

이처럼 돈을 행복의 전제조건으로 생각하는 사람이 많은 듯하다. 그런데 이 같은 명제는 과연 사실일까? 돈과 행복의 상관관계를 조사한 연구는 무수히 많다. 그중 몇 가지를 함께 살펴보자.

먼저 미국 퍼듀대학교 젭(Jebb, A.T.) 박사 팀은 '개발도상국에서는 경제 발전과 개인의 행복감 사이에 상관관계가 성립하지만, 선진국에서는 그 상관관계가 성립하지 않는다'는 연구 결과를 발표했다.

또 '연간소득 약 8,000만 원까지는 소득과 행복감이 비례하지만, 8,000만 원을 넘으면 더는 비례관계가 성립하지 않는다'는 결과도 발표했다.

그 이유는 연간소득이 오르면 물욕도 덩달아 커지기 때문이다. 소득이 높아지면 갖고 싶은 물건의 가격도 높아진다. 부동산이나 고급 차와 같은 고가의 재화를 소유하고 싶어진다. 즉, 아무리 소득이 늘어도 욕구가 채워지지 않아 불만이 쌓이는 것이다.

나는 이런 상태를 '강욕무간지옥(強慾無間地獄)'이라고 부른다. 아무리 많은 것을 얻어도 만족하지 못하면 절대 행복감을 느낄 수 없다.

한편, 미국 일리노이대학교 디너(Diener, E.F.) 박사 팀은 '국내총생산(GDP)이 1만 달러를 넘으면 행복감은 더 커지지 않는다'는 연구 결과를 발표했다.

참고로 일본 국내총생산이 1만 달러를 넘은 것은 1981년이었다. 1982년에는 9,577달러였고, 이후 꾸준히 증가해 현재는 약 3만 9,000달러에 이른다.

이 연구 결과에 따르면 1980년경까지는 일본에서도 소득이 증가하면 행복감도 커졌지만, 지금은 그렇지 않다.

그렇다고 해서 '돈이 없어도 된다'는 뜻은 아니다. 사람이 사람답게 살기 위해서는 의식주를 위한 최소한의 돈이 필요하며, 취미나 여가를 즐길 돈이 있다면 더욱 윤택한 삶을 살 수 있다.

앞서 소개한 젭 박사 팀의 연구 결과를 뒤집어 생각하면, '연간소득 8,000만 원까지는 돈과 행복의 비례관계가 성립한다'고 할 수 있다.

돈이 많다고 해서 무조건 행복해지는 것도 아니지만, 필요한 돈마저 없으면 그 또한 사람을 불행하게 한다. 돈과 행복은 어느 정도 서로 관련이 있다.

뇌 단련
POINT
연간소득이 8,000만 원을 넘으면 돈과 행복의 크기는 더는 비례하지 않는다.
'강욕무간지옥'에 빠지지 말자!

행복감이 높아지는 목표 설정법, 낮아지는 목표 설정법

돈이 많다고 해서 무조건 행복해지는 것도 아니지만, 필요한 돈마저 없으면 그 또한 사람을 불행하게 한다.

그렇다면 우리는 돈을 어떻게 생각해야 할까? 여기에 참고할 만한 연구 결과가 있다. 미국 녹스대학교 카이저(Kasser, T.) 박사 팀은 피험자 118~251명에게 '6개월 후', '2년 후', '12년 후'의 목표를 설정하게 했다.

그 결과, 목표를 설정하는 방식은 크게 두 가지 유형으로 나뉜다는 사실을 알게 됐다. 첫 번째 유형은 '6개월 후까지 매출 ○○원을 달성한다'처럼 '물질주의적 사안'을 목표로 설정하는 것이다.

두 번째 유형은 가령 '나와 같은 지역에 사는 사람 5,000명을 미소 짓게 만든다!'라는 목표를 먼저 설정하고, '그것이 실현되면 매출 ○○ 원을 달성할 수 있다'는 식으로 '심리적 만족'을 우선시하는 것이다.

두 유형 모두 최종적으로는 '매출'로 이어지지만, 한쪽은 자신의 물욕을 채우는 것이 목적이고, 다른 한쪽은 타인을 기쁘게 함으로써 심리적 만족을 얻는 것이 목적이라는 점이 다르다.

그 다음 '6개월 후', '2년 후', '12년 후'에 피험자의 행복감이 어떻게 달라졌는지 조사했다.

그 결과 '물질적 풍요'를 목표로 설정한 사람은, 목표 달성 여부와 상관없이 시간의 경과에 따라 행복감이 차츰 낮아지는 경향이 나타났다.

반면 '심리적 풍요'를 목표로 삼은 사람은, 역시나 목표 달성 여부와 상관없이 시간이 흐름에 따라 행복감과 만족감이 높아지고 더욱 긍정적으로 변화하는 경향을 보였다. '물질적 풍요'를 우선시하는 사람은 결과적으로 돈이 있든 없든 행복감이 낮아지고, '심리적 풍요'를 우선시하는 사람은 결과와 상관없이 행복감이 높아진다.

이 결과를 보면 사람은 다른 누군가를 기쁘게 함으로써 행복해질 수 있으며, 그 대가로 물질적 풍요도 함께 누릴 수 있음을 알 수 있다.

'심리적 풍요'를 지향하면 행복감과 보람이 커진다는 것을 보여주는 사례가 있다.

우리 회사는 '심리적 풍요를 지향하며 집단지성을 발휘하는 조직 만들기'를 위한 '뇌 훈련 연수'를 제공하고 있다('집단지성'에 관해서는 4장에서 설명하겠다).

과거 어느 주택 관련 기업에서 뇌 훈련 연수를 실시한 적이 있다.

형제가 함께 경영하는 회사였는데, 우애가 좋지 않아서 싸움이 끊이지 않았다. 매출 목표를 설정하는 이유도 '돈을 더 많이 벌기 위해서'라고 했다. 그런데 뇌 훈련 연수를 도입하고부터는 돈이 아닌, '직원의 행복'을 위해 '지역 커뮤니티의 풍요'를 위해 매출 목표를 설정하게 됐다. 그 결과 직원들이 전보다 더욱 열심히 일하게 됐고, 덕분에 매출도 3배로 껑충 뛰었다고 한다.

이 사례만 보더라도, 오로지 물질적 목표만 추구하기보다는 다른 사람을 위하는 마음을 가질 때 행복감이 커지고 물질적 풍요도 따라온다는 것을 알 수 있다.

'마음의 풍요'를 우선시하는 것은 '뇌 단련' 전반을 지배하는 기본 개념이다. '뇌 단련'을 하면 소득이 아무리 많아져도 '강욕무간지옥'에 빠지지 않으므로, 소득이 일정 금액을 넘어서도 행복감이 낮아지는 일은 일어나지 않는다.

뇌 단련 POINT : 먼저 다른 사람을 위하는 마음을 지니면 그 결과로 물질적 풍요가 따라온다는 점을 이해한다.

행복하게 살려면 좋은 학벌은 필수일까

'머리가 좋으면 행복한 삶을 살 수 있다.'

이 또한 흔히 회자되는 행복의 공식 중 하나다. 머리가 좋으면 좋은 대학에 입학해 좋은 회사에 취직할 수 있고, 머리가 좋아야 더 많은 혜택을 누릴 수 있다고 많은 사람이 믿는다. 그런데 정말로 머리가 좋으면 행복해질 수 있을까?

먼저 분명히 해둬야 할 것은, 우리가 일반적으로 "머리가 좋다"고 말할 때의 '머리'는 '인지능력'을 가리키는 경우가 많다는 점이다.

2000년 노벨 경제학상을 수상한 미국 시카고대학교 제임스 헤크먼

(Heckman, J.J.) 교수는 다음과 같이 정의한다.

◎ IQ, 학습능력, 기억력 등 학력 테스트로 측정할 수 있는 능력 = '인지
능력'

◎ 의지력, 인내력, 열정, 자존감, 사회성, 자제력, 협동성 등 학력 테스트
로는 측정할 수 없는 능력 = '비인지능력'

뇌에서 비인지능력을 담당하는 영역은 인지능력을 담당하는 영역과
는 달리, 뇌 전체에 걸쳐 넓게 퍼져 있다.

헤크먼 교수가 이끄는 연구팀은 인지능력과 비인지능력이 임금과 고
용 등에 미치는 영향을 조사했다.

미국에는 'GED(General Educational Development) 프로그램'이라는
고교 졸업 자격 제도가 있다. 이는 학력 테스트에서 일정 수준 이상의
성적을 얻으면 고등학교를 졸업한 것과 동등한 자격을 부여하는 제도
다. GED 프로그램은 기본적으로 '인지능력'만을 측정한다. 연구팀은
이 점을 이용해 인지능력과 임금 사이에 어떤 관계가 있는지 조사했다.

그 결과 인지능력은 소득의 많고 적음과 무관하다는 사실이 밝혀
졌다.

GED 취득자는 고등학교 중퇴 후 GED를 취득하지 않은 사람보다
오히려 적은 임금을 받고 있었다.

또 GED 취득자와 고교졸업자에게 육군사관학교 입학시험을 치르게 한 결과, 인지능력에서는 거의 차이가 없었지만, 범죄를 저지르는 빈도는 GED 취득자가 경범죄는 15배, 마약범죄는 7배 높게 나타났다.

어째서 이 같은 결과가 나온 것일까? 연구팀은 GED 취득자의 '낮은 비인지능력'을 이유로 꼽았다.

GED 취득자의 인지능력은 정상적으로 학교에 다닌 사람과 차이가 없었지만, 비인지능력은 그보다 낮은 것으로 나타났고 이 점이 그들의 인생에 영향을 미친 것이다.

비인지능력이 1에서 3으로 높아지면 급여가 1.5배 상승했지만, 인지능력이 1에서 3으로 높아졌을 때의 급여 상승은 1.07배에 그쳤다.

뇌 단련
POINT
: 뇌의 능력에는 학력 테스트로 측정할 수 있는 '인지능력'과, 학력 테스트로는 측정할 수 없는 '비인지능력'이 있다.

심리테스트로 밝혀진
연봉·건강 개선법

'비인지능력'의 중요성을 보여주는 실험으로 유명한 것이 바로 '마시멜로 실험'이다. 워낙 유명한 실험이라서 이미 알고 있는 사람도 많겠지만, 그 내용을 간략히 설명하면 이렇다.

통칭 '마시멜로 실험'은 미국 스탠포드대학교의 심리학자 월터 미셸 (Walter Mischel) 박사가 1968~1974년에 걸쳐 653명의 어린이를 대상으로 실시한 심리테스트다.

아이 앞에 마시멜로 하나가 놓인 접시를 두고, "이 마시멜로를 지금 당장 먹어도 되지만, 15분 동안 먹지 않고 기다리면 마시멜로를 하나 더 줄게"라고 말한 후 아이를 홀로 남겨 두고 행동을 관찰하는 것이다.

그 결과, 실험 대상 아이의 60%는 끝까지 참지 못하고 마시멜로를 먹었고, 40%는 15분을 기다린 후 마시멜로 하나를 더 얻었다.

그로부터 10여 년이 지난 1984년, 연구팀은 아이들이 어떻게 성장했는지 추적조사했다.

그 결과, 끝까지 참은 아이들은 참지 못한 아이들에 비해 SAT(Scholastic Aptitude Test, 미국 대학입학자격시험)에서 평균 210점 더 높은 점수를 받았다. 그로부터 다시 40년이 흐른 후 60명의 뇌 활성도를 검사한 결과, 끝까지 참은 아이들은 유혹에 쉽게 넘어가지 않는 뇌를, 참지 못한 아이들은 유혹에 쉽게 반응하는 뇌를 가지고 있음이 밝혀졌다.

또 끝까지 참은 아이들은 평균적으로 연간소득도 높고 건강상태도 더 양호한 것으로 나타났다.

이 실험 하나만 보더라도, 행복한 삶을 사는 데 '비인지능력'이 얼마나 중요한지 알 수 있다.

미국 듀크대학교 모핏(Moffitt, T.E.) 박사 팀도 자제력에 관한 연구 결과를 발표했다. 연구팀은 1972~1973년에 뉴질랜드 더니든에서 태어난 1,037명을 대상으로, 이들이 3세, 5세가 됐을 때 자제력 테스트를 실시했다.

그 후 이들이 32세가 됐을 때 추적조사를 실시한 결과, IQ(인지능력)

와는 무관하게 3세, 5세 시점에 자제력(비인지능력)이 높게 나타난 사람이 그렇지 않은 사람보다 건강상태와 급여수준이 높고 범죄율도 4배 가까이 낮다는 사실이 밝혀졌다.

또 스페인 데우스토대학교 우르퀴호(Urquijo, I.) 박사 팀의 연구에 따르면, 비인지능력에 해당하는 공감능력과 사회성이 높은 사람은 그렇지 않은 사람보다 연간소득이 12~16% 높을 뿐 아니라, 일에 대한 만족도도 더 큰 것으로 나타났다.

일본에는 아직까지도 '좋은 대학교에 입학하면 좋은 회사에 취직해서 더 좋은 급여를 받을 수 있다'는, 이른바 '학벌 신앙'이 뿌리 깊게 자리 잡고 있다. 그래서 많은 부모가 자녀의 인지능력을 높이기 위해 열과 성을 다한다.

그러나 위와 같은 연구 결과를 보면, 인지능력만 길러서는 아이의 행복을 담보할 수 없다. '비인지능력'은 소득과 건강에 영향을 미친다는 점에서 어른에게도 대단히 중요하다.

미국 하버드대학교 데밍(Deming, D.J.) 박사 팀의 연구에서는 높은 급여가 보장되는 직업군에서 원하는 인재는 인지능력과 비인지능력이 고루 발달한 사람이라는 결과가 나왔다.

또 비인지능력과 인지능력 중 어느 쪽이 더 중요한지를 조사한 연구에서는 비인지능력이 더 중요하다는 결과가 다수를 차지했다.

이렇듯 "머리가 좋아야 행복해질 수 있다"는 공식은 사실과 다르다.

뇌 단련 POINT	행복한 삶을 사는 데에는 '인지능력'보다 '비인지능력'이 중요하다.

세계에서 가장 행복한 뇌를 지닌
티베트 승려의 비결

지금까지 행복한 삶을 원할 때 우리가 일반적으로 뇌를 사용하는 방식을 살펴봤다. 그리고 그 같은 방식으로는 행복을 얻기 어렵다는 것도 알게 됐다.

그렇다면 뇌를 어떻게 사용해야 풍요롭고 행복한 삶을 살 수 있을까? 결론부터 말하자면, 뇌 전체를 균형 있고 유기적으로 사용하면 된다. 그 이유를 설명해주는 연구 결과 하나를 소개하고자 한다.

미국 위스콘신대학교 데이비드슨(Davidson, R.J.) 박사가 이끄는 뇌과학연구그룹은 뇌에도 자동차의 액셀과 브레이크에 해당하는 부위가 존재한다는 사실을 발견했다.

이마 안쪽에 위치한 전전두엽의 왼쪽이 '액셀', 오른쪽이 '브레이크'에 해당한다. 그 작동원리는 자동차와 비슷해서, 무언가에 집중하거나 전향적으로 생각할 때는 액셀에 해당하는 부위가 활성화되고, 반대로 이 같은 활동이 멈출 때는 브레이크에 해당하는 부위가 활성화된다.

또 액셀이 활성화되면 긍정적으로 생각하며 행복감을 느끼게 되고, 브레이크가 강하게 작동하면 기분이 가라앉고 만사를 부정적으로 바라보게 되며, 심하면 우울감에 빠지기도 한다.

다만 자동차에 액셀만 있고 브레이크가 없으면 큰 사고로 이어지듯, 뇌의 액셀과 브레이크도 각각 중요한 역할을 담당한다.

연구팀은 1,000명 이상의 뇌파를 측정해 뇌의 액셀 활성도를 조사했다.

연구 결과, 마티외 리카르(Matthieu Ricard)라는 티베트 불교 승려의 뇌 액셀 활성도가 가장 높게 나타났다. 1946년 프랑스에서 태어난 그는 1972년 파스퇴르 연구소에서 분자유전학 박사학위를 받은 후 같은 해 티베트 불교 승려가 되기 위해 히말라야산맥에 들어가 지금까지 수행을 이어가고 있으며, 한때 달라이 라마의 통역을 맡기도 했다.

뇌의 액셀 활성도가 높을수록 큰 행복감을 느낀다는 점에서 티베트의 승려 리카르는 (뇌과학적으로) 세계에서 가장 행복한 사람'으로 여겨지고 있다.

리카르는 평소에도 보통 사람보다 액셀 활성도가 10~100배 높게 나타났는데, 그의 액셀 활성도가 더욱 높아지는 때가 있었으니, 그것은 자애(이타)의 마음으로 세계 평화와 인류의 행복을 기원하는 명상을 할 때였다. 이때는 뇌의 액셀 활성도가 평소의 5배 이상, 보통 사람의 50~500배에 달했다.

리카르의 결과가 알려지자 득도의 경지에 오른 다른 티베트 승려들도 연구에 참여하기 시작했고, 그들의 뇌 활동 패턴도 리카르와 비슷하게 나타났다.

이 연구에서 주목할 점은 뇌의 액셀 활성도가 가장 높게 나타나는 순간은 '이타심이 충만한 상태에서 세계 평화와 인류의 행복을 기원하는 명상을 할 때'였다는 사실이다. 이때 리카르의 뇌는 '셀프리스(Selfless)' 상태에 가깝다고 할 수 있다.

셀프리스는 '사심이 없는'으로 번역할 수 있는데, 뇌과학적으로 어떤 상태인지는 차차 설명해 나가겠다.

행복을 바랄 때 우리는 '더 많은 돈을 벌려면 어떻게 해야 할지', '나의 바람이 이루어지려면 어떻게 해야 할지' 등 자신의 욕구를 먼저 떠올리고, 그 욕구가 충족될 때 행복해질 수 있다고 생각한다.

그러나 이 연구는 사람의 뇌는 자기 자신보다 다른 사람의 행복을 바랄 때 '셀프리스'의 경지에 도달함으로써 행복을 느낀다는 사실을 알려준다.

뇌 단련
POINT
:
뇌에는 '액셀'과 '브레이크'에 해당하는 부위가 있으며, 액셀이 활성화될 때 행복을 느낀다.

'이기심'이 강하면
뇌 전체의 균형이 무너진다

세계에서 가장 행복한 뇌의 소유자, 티베트 불교 승려 마티외 리카르는 '이타심으로 충만한 상태에서 세계 평화와 인류의 행복을 기원하는 명상을 할 때' 뇌의 액셀에 해당하는 부위가 가장 활성화됐다.

그것은 '셀프리스'의 상태로, 뇌 전체를 균형 있게 사용할 수 있는 상태를 말한다.

반대로 어떤 때 뇌 전체의 균형이 무너질까? 그것은 '이기심(ego)'이 강할 때다. 뇌의 회로를 단절하고 뇌 전체의 균형을 무너뜨리며 뇌 기능을 둔하게 하는 범인이 바로 '이기심'이다.

사람은 누구나 자기 자신을 먼저 생각하는 이기심을 가지고 있다. 그것은 우리가 인간이라는 동물로서 생존하기 위한 본능이지만, 이기심이 지나치면 뇌의 회로가 단절되고 만다. 그 결과, 뇌 전체를 균형 있게 사용하지 못해 사고가 한쪽으로 치우치게 된다.

　이 장의 서두에서 "행복을 갈구하면 오히려 행복이 멀어진다"고 이야기했다. 이 또한 이기심이 강하게 작동하기 때문이다. 돈만 좇는 것 역시 강한 이기심의 발로다.

　즉, 풍요롭고 행복하게 살기 위해서는 이기심을 내려놓고 뇌 전체를 균형 있게 사용하는 것, 이른바 뇌를 셀프리스 상태에 가깝게 하는 것이 중요하다.

뇌 단련 POINT : '나만 좋으면 그만'이라는 이기심을 덜어내고 셀프리스 상태에 다가가면 행복을 얻을 수 있다.

'뇌섬엽'이
주목받고 있다

"풍요롭고 행복하게 살기 위해서는 뇌 전체를 균형 있게 사용하면 된다"고 이야기했는데, 구체적으로 어떻게 해야 하는 걸까?

지금부터 뇌 전체를 균형 있게 사용하는 방법을 살펴보자. 프롤로그에서도 간략하게 언급했지만, 뇌 전체를 효율적으로 사용하기 위한 열쇠 중 하나는 '뇌섬엽'이라는 부위다.

뇌섬엽은 다른 부위에 둘러싸여 접근이 어려운 탓에 오랫동안 미지의 영역으로 남아 있었다. 그런데 최근 10년 사이에 연구자들 사이에서 갑작스럽게 큰 주목을 받기 시작했다.

뇌에서 전전두엽은 고차원적 기능을 수행하고 해마는 기억을 관장하는 등 뇌의 각 부위는 저마다의 역할이 있다. 그중 '뇌섬엽'은 우리 마음에서 생겨나는 다양한 감정과 반응 중 사회적 감정, 도덕적 직감, 공감, 음악에 대한 정서적 반응, 의존, 고통, 유머, 다른 사람의 표정에 대한 반응, 구매 여부 판단, 음식 취향 등 폭넓은 분야에 관여한다.

또 뇌섬엽은 앞에서 살펴본 '비인지능력'과도 깊은 관련이 있다. 미국 아이오와대학교의 리 박사 팀은 의지력과 자제력에 뇌섬엽이 관여한다는 사실을 밝혀냈다.

뇌섬엽으로 들어온 정보는 뇌의 다른 부위, 특히 전대상피질과 전두엽으로 전달돼 의사 결정에도 관여한다.

이처럼 뇌섬엽은 폭넓은 영역에서 활약하고 있는데, 조금 더 통합적으로 말하자면 뇌섬엽은 뇌에서 '허브(중계기지)'의 역할을 담당한다.

외부에서 들어오는 자극과 내부의 감각을 연결하고 다른 사람의 감정과 자신의 감정을 연결하며, 과거의 자신과 현재의 자신, 현재의 자신과 미래의 자신을 연결하는 등 시간적 허브의 역할도 수행한다.

이 같은 허브적 역할 덕분에 우리는 다른 사람의 감정을 이해하고 공감할 수 있다. 실제로 뇌섬엽이 발달한 사람은 공감능력이 뛰어나다는 연구 결과도 있다.

이렇듯 뇌섬엽은 뇌의 각 부위를 연결하는 대단히 중요한 역할을 담당하고 있다. 즉, 중계기지 역할을 하는 뇌섬엽을 강화하면 뇌 전체를 고루 사용할 수 있다는 뜻이다. 바꿔 말하면, 뇌섬엽이 발달한 사람은 뇌 전체를 고루 사용할 수 있는 행복한 사람이다.

이를 뒷받침하는 것이 영국 스털링대학교 루이스(Lewis, G.J.) 박사 팀의 '웰빙과 뇌섬엽의 두께는 비례관계에 있다'는 연구 결과다.

'웰빙(well-being)'이란 행복과 관련된 개념으로, 1947년에 채택된 WHO(세계보건기구) 헌장의 "건강이라는 것은 완전한 육체적, 정신적 및 사회적 복리의 상태를 뜻하고, 단순히 질병 또는 병약이 존재하지 않는 것이 아니다"(출처: 대한민국 국가법령정보센터)라는 문구가 웰빙의 개념을 이해하는 데 도움이 될 듯하다.

행복한 사람이란 뇌섬엽이 두꺼운 사람이다. 뒤집어 말하면 '뇌섬엽이 두꺼워지도록 뇌를 단련하면 행복해질 수 있다'는 뜻이다. 참고로 앞서 "행복한 삶의 열쇠 중 하나는 '비인지능력'이다"라고 이야기했는데, 뇌섬엽이 두꺼워지도록 뇌를 단련하면 비인지능력도 발달한다.

뇌 단련
POINT
: 뇌 전체를 고루 사용하기 위한 열쇠는 '뇌섬엽'이라는 부위다.
뇌섬엽이 두꺼워지도록 뇌를 단련하면 행복한 삶을 살 수 있다.

뇌는 죽을 때까지 성장한다

'뇌를 어떻게 사용해야 뇌섬엽이 두꺼워질까.'

이를 설명하기 전에, 과연 뇌를 단련하면 성장하는 것이 가능한지부터 살펴보자. '두뇌 성장은 어린아이에게나 가능한 일이지, 어른이 되고 나면 뇌는 성장을 멈춘다', '뇌를 단련한다고 해서 크기가 커지는 않는다'고 생각하는 사람이 많은 듯하다. 그러나 성인이 된 후에도 뇌를 단련하면 성장한다는 사실이 여러 연구를 통해 밝혀졌다.

1920년대에 이미 미국에서는 래슐리(Lashley, K.S.)라는 연구자가 원숭이를 이용한 실험을 통해 뇌의 유연성을 밝혀냈다. 뇌 손상으로 인해 마비됐던 원숭이의 팔과 다리가 시간이 흐르자 다시 움직이기 시작한 것이다. 그 후 1960년대에는 뇌졸중으로 특정 기능이 상실된 사람도 재활을 통해 회복할 수 있다는 사실이 밝혀졌다.

나아가 뇌 기능이 원래 상태로 회복되는 데 그치는 것이 아니라, '성인이 돼서도 뇌가 성장한다'는 연구 결과도 발표됐다.

독일 레겐스부르크대학교의 드라간스키(Draganski, B.) 박사 팀은 평균 연령 24세의 피험자 24명을 두 그룹으로 나눈 뒤, 한 그룹만 3개월 동안 저글링 연습을 하게 한 후 각 그룹의 뇌를 관찰했다.

그 결과 아무것도 하지 않은 그룹의 뇌에는 변화가 없었지만, 저글링을 연습한 그룹에서는 동체시력을 관장하는 뇌 부위가 3%가량 두꺼워졌다. 연습을 그만둔 지 3개월이 흐른 후에도 (연습 직후보다는 다소 얇아졌지만) 여전히 연습 전보다는 두꺼운 상태(2% 증가)가 유지됐다.

이 연구 결과는 '뇌를 단련하면 성장한다'는 사실을 보여주지만, 한편으로는 '20대의 젊은 뇌라서 쉽게 변화가 나타난 것 아닌가?'라는 의문을 남긴다. 이에 독일 함부르크대학교의 보이크(Boyke, J.) 박사 팀은 평균연령 60세의 피험자 50명을 대상으로 같은 내용의 저글링 실험을 실시했다. 25명에게는 3개월간 저글링 연습을 하게 하고, 나머지 25명은 연습을 하지 않았다.

3개월 후 각 그룹의 뇌를 조사한 결과, 저글링 연습을 한 그룹에서 동체시력을 관장하는 뇌 부위가 4% 가까이 두꺼워진 것을 알 수 있었다.

이 실험을 통해 '60대도 20대와 마찬가지로 뇌에 변화가 일어날 수 있다'는 사실이 분명해졌다.

이 밖에도 터키 마르마라대학교의 듀르(Duru, A.D.) 박사 팀은 가라 테를 수련한 경우, 미국 워싱턴대학교의 휴버(Huber, E.) 박사 팀은 속독을 연습한 경우에도 그 활동을 관장하는 뇌 영역에 변화가 일어나는 것을 관찰했다.

이처럼 성인도 뇌를 단련하면 뇌가 성장한다. 근육을 단련하는 데 나이 제한은 없다. 나이가 아무리 많아도 근력을 강화할 수 있듯, 뇌도 그렇다. 즉 뇌 전체를 고루 사용하는 열쇠인 뇌섬엽도 단련하면 커진다.

뇌섬엽을 단련하기 위한 노력은 나이와 상관없이 언제든 시작할 수 있다. 우리는 나이가 몇 살이든 행복해지기 위해 노력할 수 있으며, 그 노력의 성과를 기대해도 좋다.

뇌 단련
POINT 나이와 상관없이 뇌는 성장한다.
행복하고 풍요로운 삶의 열쇠인 뇌섬엽도 단련하면 커진다!

이기심을 없애고 뇌 전체를
고루 사용하는 뇌 단련법

근육과 마찬가지로 뇌 또한 단련하고 싶은 부위를 자주 사용하면 그 부위가 강해진다. 연습을 통해 저글링에 능숙해지는 것은 저글링과 관련된 뇌 부위를 자주 사용해서 강화된 결과다.

그러므로 뇌섬엽을 단련하려면 뇌섬엽과 관련된 생각, 감정, 행동을 의식적으로 자주 하면 된다.

그렇다면 뇌섬엽은 어떤 생각, 감정, 행동과 관련이 있을까? 독일 막스플랑크연구소의 고골라(Gogolla, N.) 박사 팀은 다음과 같은 작용이 일어날 때 뇌섬엽이 관여한다는 사실을 밝혀냈다.

글, 음악, 그림을 접하고 감정, 감동이 일어날 때

여러 감각이 통합될 때

사회성과 관련된 작용이 일어날 때

다른 사람에게 공감할 때

무언가에 집중하기 시작할 때

미국 배로신경학연구소의 크레이그(Craig, A.B.) 박사 팀은 '뇌섬엽은 시간 감각에 관여한다'고 밝혔다. 즉, 뇌섬엽의 도움으로 우리는 과거의 자신과 현재 자신을 통합할 수 있다.

가령 '지금의 내가 있는 것은 과거에 ○○한 내가 있었기 때문이다'와 같은 생각을 할 수 있게 되는 것이다.

그런데 이는 뇌섬엽이 관여하는 활동의 일부일 뿐 전부는 아니다. 뇌섬엽은 워낙 다양한 작용에 관여하기 때문에 막상 뇌섬엽을 단련하기로 마음먹어도 무엇부터 시작해야 할지 알기 어렵다.

다시 한번 정리해보자. 뇌에서 액셀에 해당하는 부분이 활성화돼 있는 행복한 뇌 상태란 셀프리스의 상태이며, 셀프리스 상태란 뇌 전체를 고루 사용하는 상태다. 그리고 뇌 전체를 고루 사용하기 위한 열쇠는 뇌섬엽이다.

즉, 가장 중요한 목적은 '뇌 전체를 고루 사용하는 것'이며, 이를 달성하려면 뇌를 '셀프리스'에 가깝게 만들어야 한다.

뇌섬엽이 관여하는 생각 및 행동 가운데 셀프리스로 이어지는 중요한 요소와, 뇌섬엽과 직접적인 연관은 없지만 뇌에서 이기심을 없애는, 즉 셀프리스에 가까워지는 사고방식 및 행동은 다음 여섯 가지다.

매사에 감사하기

긍정적 마인드 지니기

마음이 통하는 사람들과 함께하기

이타심 기르기

'마인드풀니스' 실천하기

'대자연 체험' 하기

이는 모두 뇌를 셀프리스에 가깝게 하는 방법이며, 뇌섬엽을 단련하는 방법이자 비인지능력을 단련하는 방법이기도 하다. 그러므로 이들 항목을 실천하면 뇌 전체를 고루 사용할 수 있다.

이것이 바로 '뇌 단련'이다.

다음 장부터는 위의 각 항목이 우리에게 어떻게 긍정적 영향을 미치는지, 또 이를 실천하는 것이 풍요롭고 행복한 삶으로 어떻게 이어지는지에 관해 설명해 나가겠다.

그 전에 중요한 포인트를 이야기하고자 한다. '뇌 단련'은 꾸준히 지속하는 것이 무엇보다 중요하다.

'뇌 단련'을 통해 뇌 전체를 유기적으로 사용할 수 있게 됐다 하더라도, 단련을 중단하면 뇌는 다시 원래 상태로 되돌아가고 만다. 이는 근육을 단련하는 것과 같다. 한때 열심히 운동했다고 해서 평생 건강을 유지할 수 있는 것은 아니듯 말이다.

'뇌 단련'을 지속하면 "아, 이것이 행복하고 풍요로운 삶이구나!" 하고 깨닫는 순간이 찾아올 것이다. 그리고 그것은 단 한 번으로 그치지 않는다.

그 순간은 어느 날 갑자기 찾아오는데, 그 순간을 놓치지 않으려면 '뇌 단련'을 날마다 꾸준히 이어가는 것이 중요하다.

뇌 단련
POINT

뇌섬엽을 단련하려면 뇌에서 이기심을 없애고 뇌를 셀프리스 상태에 가깝게 만들어야 한다. 그것이 바로 '뇌 단련'이다.

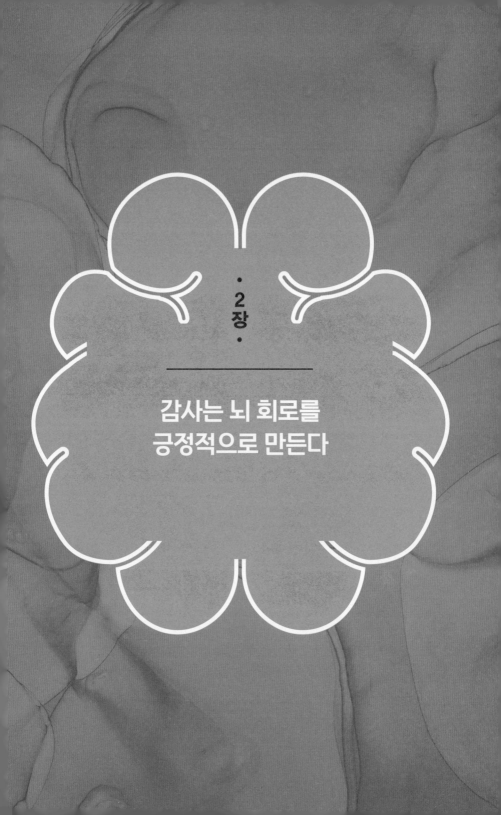

· 2 장 ·

———————

감사는 뇌 회로를
긍정적으로 만든다

'누군가 나에게 호의를 베풀었을 때' 우리는 고마움을 느낀다.
이 같은 '감사'는 누구나 당연히 하고 있을 것이다.

'뇌 단련'에서 말하는 '감사'는
누군가 나에게 호의를 베풀었을 때에 국한되지 않는다.
물론 그 같은 감사도 포함하지만,
딱히 감사할 대상이 없어도 감사하는 마음을 갖는 것을 말한다.

이처럼 항상 감사하는 마음을 갖는 것은
뇌를 활성화하고 뇌 전체가 고루 작용하게 함으로써
몸과 마음에 긍정적 영향을 불러온다.

2장에서는 그 긍정적 영향이란 무엇인지,
그리고 항상 감사하는 마음을 지니려면 어떻게 해야 하는지
설명하겠다.

매사에 감사하면
용기를 갖게 된다

매사에 감사한다.

날마다 "고맙습니다"라고 말한다.

'이렇게 뻔한 말을 새삼스럽게……' 하고 생각할지도 모르겠다. 그런데 항상 감사하는 마음을 지니는 것은 뇌 기능을 높이고 뇌 전체를 고루 사용하도록 도와 몸과 마음에 여러 좋은 영향을 미친다는 사실을 아는가? 이런 이유로 '뇌 단련'에서는 감사하는 마음을 강조한다.

먼저 '감사'에는 두 종류가 있다는 점을 알아두길 바란다.

미국 캘리포니아대학교 리버사이드캠퍼스 아르멘타(Armenta, C.N.)

박사 팀은 감사를 두 종류로 구분하고 각각의 정의와 효과를 다음과
같이 정리했다.

◎ **은혜적 감사(Doing에 대한 감사)**

긍정적 성과를 얻은 데 대한 감사. 자신에게 좋은 일이 생겼다고 판단될
때 감사하는 것. 행위(Doing)가 그 대상이므로 'Doing에 대한 감사'라고 표
현한다.

◎ **보편적 감사(Being에 대한 감사)**

항상 감사하는 마음 상태(Being). '살아 있는 것에 대한 감사', '가족이나
동료의 존재 또는 함께 있음에 대한 감사' 등 매사에 감사하는 마음을 느끼
는 것으로, 여기에는 은혜적 감사도 포함된다.

'감사'라는 말을 들었을 때 많은 사람은 '은혜적 감사'를 먼저 떠올릴
것이다. 누군가 나에게 호의를 베풀었을 때 감사하는 것 말이다.

그러나 연구 결과에 따르면 '은혜적 감사'만 하는 사람은 이기심이 강
해지고, 시간이 흐를수록 우울해지는 경향이 있다. 은혜적 감사만 하
는 사람은 좋은 일이 생기지 않으면 감사하는 마음을 갖지 못하기 때
문에 건강이 좋지 않을 때나 괴로운 일이 생겼을 때 특히 우울해지기
쉽다.

반면 은혜적 감사를 포함한 '보편적 감사'는 성장지향적 마인드를 증

대하고 어려움에 맞서는 용기를 갖게 한다.

'뇌 단련'에서 지향하는 감사는 '보편적 감사'다. 무언가 좋은 일이 생겨서, 무언가 좋은 것을 얻어서 감사하는 것이 아니라, 매사에 감사하는 마음을 지니는 것이다.

뇌 단련 POINT : **매사에 감사하는 마음을 지니면 어떤 상황에서도 성장할 수 있다.**

항상 감사하면
면역력이 높아진다

항상 감사하는 마음을 지니면 어떤 이점이 있을까? 먼저 신체적 영향을 살펴보자.

싱가포르국립대학교 하탄토(Hartanto, A.) 박사 팀은 인터류킨-6의 혈중농도와 감사의 관계를 알아보기 위해 설문조사를 실시했다. 인터류킨-6는 체내에서 염증이 일어날 때 다량으로 만들어지는 단백질로, 주로 염증반응지표로 사용된다.

설문 결과 특별히 좋은 일이 없어도 항상 감사하는 마음을 지닌 사람은 인터류킨-6가 낮은 수준으로 유지되고 있음을 알 수 있었다.

신체가 만성적 염증 상태에 있으면 수명이 짧아지고 건강을 유지하기 어렵다.

항상 감사하는 마음을 지닌 사람은 염증반응이 억제되고, 그 지표로서 인터류킨-6의 혈중농도가 낮게 나타나는 것이다.

스트레스는 면역력을 떨어뜨리는 등 건강에 좋지 않은 영향을 미치는데, 감사하는 마음은 스트레스로 인한 리스크를 낮춘다. 그리하여 어려운 상황도 긍정적으로 받아들여 전화위복의 계기로 삼을 가능성이 커진다.

또 항상 감사하는 마음을 표현하는 사람은 면역기능이 높아진다는 사실도 밝혀졌다.

항상 감사하는 사람은 문제상황에 맞닥뜨렸을 때 해결방법을 빨리 찾아내므로 쉽게 우울해지지 않는다는 결과도 나왔다.

루마니아 티미숄라웨스트대학교 툴브레(Tulbure, B.T.) 박사 팀은 피험자 113명을 대상으로 감사와 우울감의 상관관계를 조사한 결과, 반비례관계에 있음을 발견했다.

여기서 주목할 점은 피험자에게 설명한 '감사'의 내용이다. 연구팀은 "여기에서 말하는 '감사'는 누군가 나에게 호의를 베풀었을 때 느끼는 고마움뿐만 아니라, 삶의 밝은 면을 바라보며 감사히 여기는 마음, 또 사람이 아닌 자연, 신, 동물처럼 비인격적 존재에게 느끼는 감사도 포함한다"고 설명했다.

이는 앞서 살펴본 두 종류의 감사 중 '보편적 감사'에 해당한다.

뇌 단련 POINT	매사에 감사하는 마음을 지니면 의욕이 샘솟고 면역기능도 좋 아진다.

감사하는 마음은 성장을 지향하게 한다

"매사에 감사하면 현실에 안주하게 돼 성장하기 어려워지지 않을까?"

이런 의문을 품는 사람이 있을지도 모르겠다. 필자 또한 꽤 오랫동안 그렇게 생각했다.

'누군가 나에게 요리를 해줬을 때, 너무 쉽게 맛있다고 해버리면 요리 실력을 기를 동기를 빼앗는 것 아닐까? 칭찬을 아끼는 것이 상대의 성장을 돕는 길 아닐까?', '부하직원이 한 일에 대해서도 부족한 부분을 지적해야 더 발전할 수 있지 않을까?' 하고 생각했다.

그러나 이렇게 생각하는 것은 '은혜적 감사'에 치우쳐 있기 때문이라는 것을 깨달았다.

만약 당신이 고객을 응대하는 일을 하고 있다면, 고객으로부터 항의를 받았을 때와 감사 인사를 받았을 때 중 어느 쪽이 더 열심히 하고 싶은 마음이 들까?

고객으로부터 항의를 받으면 '앞으로 주의해야겠다'고 반성하겠지만, 고맙다는 말을 들으면 기쁜 마음에 '앞으로 더 열심히 해야겠다'고 다짐하게 될 것이다. 실제로 감사 인사를 받은 접객종사자의 업무 퍼포먼스가 1.5배 향상된다는 연구 보고도 있다.

'항상 감사하는 마음을 지닌 사람은 성장지향적으로 생각하며 자제력이 강해진다'는 연구 결과도 있다.

이 같은 결과를 발표한 것은 미국 노스이스턴대학교의 디킨스(Dickens, L.) 박사 팀이다. 이들은 105명의 피험자를 대상으로 개개인의 생활방식에 관한 설문을 실시했다. 그 다음 3주 동안 일기를 쓰게 하고 이를 바탕으로 감사하는 마음과 행복감을 평가한 후, 피험자에게 '타임 디스카운트(지연 보상 선택)' 테스트를 받게 했다.

1장에서 살펴본 바와 같이, 인간의 뇌에는 미래의 가치를 과소평가하는 '타임 디스카운트'라는 특성이 있는데, 이를 조사하는 것이 타임 디스카운트 테스트다.

쉽게 말해 '지금 당장 받을 수 있는 작은 보상'과 '미래에 받을 수 있는 큰 보상' 중 하나를 선택하게 하는 테스트다.

가령 "연구에 협조한 보수를 다음 날 수령하면 10만 원, 수령일을 한 달 뒤로 미루면 15만 원을 받을 수 있다. 당신은 어느 쪽을 선택하겠는가?"라고 질문하는 식이다.

이 테스트의 결과와 감사하는 마음의 상관관계를 조사한 결과, 감사하는 마음이 클수록 미래의 큰 보상을 선택하는 경향이 있다는 사실이 밝혀졌다. 감사하는 마음이 1포인트 커질 때마다 지연 선택 보상은 1.3배 증가했다. 즉, 감사하는 마음이 큰 사람은 인내심도 커서, 이른 바 성장지향적이고 자제력이 강해서 더 큰 보상을 얻을 수 있다는 사실이 밝혀진 것이다.

이 연구에서는 피험자의 뇌파도 측정했는데, 강한 인내심을 보인 사람은 두정엽의 뇌파가 강하게 측정됐다. 이 뇌파는 성장지향적으로 생각하며 자제력을 발휘할 때 나오는 것으로 알려져 있다.

즉, 감사하는 마음을 지니면 뇌에도 변화가 일어나 어려운 일도 참고 견디며 열심히 노력하게 된다.

뇌 단련 POINT : 감사하는 마음을 지니면 성장지향적으로 생각하며 자제력이 높아진다.

뇌 활성도가 높아지면
긍정적으로 바뀐다

'감사하는 마음은 뇌를 활성화한다'는 사실을 보여주는 것이 연세대학교 경성현 박사 팀의 연구다.

연구팀은 피험자에게 '감사 활동'을 하게 하고 그때의 뇌 상태를 관찰했다. 그 결과 감사하는 마음을 느낄 때는 뇌의 여러 영역이 유기적으로 연결되며 활성도가 높아졌다. 반대로 화를 낼 때는 연결이 약해지고 활동이 둔해지는 것을 알 수 있었다. 조금 더 구체적으로 말하자면, 감사하는 마음이 들 때는 측좌핵(대뇌변연계에 존재하는 신경세포 집단)을 베이스로 한 기능적 연결이 중간측두이랑(측두엽에 있는 뇌 이랑 중 하나)에서 강해지고, 분노를 느낄 때는 그 연결이 약해졌다. 또 이 연구에서는 삶이 매우 행복하다고 느끼는 사람, 즉 자신의 삶에 감사하는 사람은 부정적인 상황에 놓였을 때도 뇌를 긍정적인 방향으로 활성화할 수 있다는 결과를 얻었다. 예컨대 코로나바이러스감염증-19의 확산으로 사회 불안이 고조될 때도 자신이 할 수 있는 일에 최선을 다하고자 하는 마음이 생겨나 다양한 일에 도전할 수 있게 된다.

필자와 함께 '뇌 단련'을 하고 있는 동료 K 씨는 그 좋은 예라고 할 수 있다. 자신과 주변 사람들이 감염되지 않도록 배려하는 것은 물론, 여분의 마스크를 휴대하고 다니다 마스크를 쓰지 않은 사람을 발견하면 그것을 건넨다고 한다.

이처럼 항상 감사하는 마음을 지니면 자기가 할 수 있는 일을 하고자 하는 의욕이 커진다. 이 같은 방식으로 뇌를 사용하는 사람은 힘든 상황에 처하더라도 매사를 긍정적으로 받아들이고 끊임없이 새로운 일에 도전한다. 대학에 출강하고 있는 K 씨는 코로나 사태 초기에 발빠르게 온라인 수업을 도입해 좋은 평가를 얻기도 했다.

모든 일에는 비록 그것이 불안하고 괴롭고 슬픈 일이라 하더라도, 반드시 긍정적인 면이 있기 마련이다. 감사하는 마음을 지니면 이를 더 쉽게 발견할 수 있다.

뇌 단련
POINT

감사하는 마음을 지니면 사물의 긍정적인 면을 더 쉽게 발견할 수 있다.

'자기비판'보다 '감사'가 더 성장하게 한다

지금까지 '감사하는 마음'이 가져다주는 이점을 살펴봤다. 그중에서도 '감사하는 마음'의 가장 큰 이점은 의욕을 샘솟게 하는 것이라고 생각한다.

그러나 우리는 자신의 단점이나 약점을 찾아내 냉정하게 평가하는 것이 성장에 도움이 된다고 생각하는 경향이 있다.

또 '자신에게 엄격하고 끊임없이 노력하는 사람'이 성공한다고 믿으며 '자신에게 엄격한 사람'과 '자신의 단점에만 주목하는 사람'을 동일시하기도 하는데, 이는 과연 사실일까?

미국 캘리포니아대학교 버클리캠퍼스 브레인즈(Breines, J.G.) 박사 팀의 연구에서는 다음과 같은 사실이 밝혀졌다.

'자신의 단점에 주목하는 사람'보다 '항상 감사하는 마음(Being에 대한 감사)을 지닌 사람'이 성장 욕구가 더 크고 쉽게 좌절하지 않는다.

사람은 감사하는 마음으로 가득할 때 '다른 사람에게 도움이 되고 싶다', '내가 할 수 있는 일을 찾고 싶다', '새로운 일에 도전하고 싶다'는 마음이 강해지며 더 좋은 성과를 얻을 수 있다.

'의욕이 샘솟는다 → 실행한다 → 성공한다 → 다시 의욕이 샘솟는다'와 같은 성공 사이클이 만들어지는 것이다.

뇌 단련 POINT : 자신을 비판하기보다 매사에 감사할 때 의욕이 샘솟고 성공 사이클이 만들어진다.

감사의 뇌 회로를
발달시켜라

매사에 감사하며 그것을 말로 표현하는 것이 생각보다 쉽지 않다고 말하는 사람도 있다.

딱히 고마운 일이 있는 것도 아닌데 항상 감사하는 '보편적 감사'는 더 어렵게 느껴질 수 있다. 힘든 상황에 처했을 때나 슬픈 일이 생겼을 때는 더욱 그렇다. 이때 "그래도 감사하라"는 말을 들으면 반발심마저 들 수 있다.

뇌과학의 관점에서 매사에 감사하는 것이 어려운 이유는 '감사의 뇌 회로'가 발달하지 않았기 때문이다.

실은 과거의 내가 그랬다. 나는 어린 시절 폭력을 휘두르는 아버지 밑에서 자랐다. 그 괴롭고 슬픈 기억 때문에 무척이나 오랫동안 원만한 인간관계를 맺기가 어려웠다. 어째서 저런 사람의 아들로 태어난 것인지, 태어나지 않았더라면 좋았을 것이라고 생각했다.

프롤로그에서 이야기한 것처럼 성인이 돼서도 이 같은 생각은 계속됐고, "감사하는 마음이 중요하다"는 글귀를 읽어도 도무지 와닿지 않을뿐더러 '감사 좋아하네!' 하며 울화가 치밀었다.

내가 그토록 감사하는 마음을 갖기가 어려웠던 것은 '감사의 뇌 회로'를 돌린 적이 거의 없었기 때문이다. '감사의 뇌 회로'가 발달하지 않아 감사를 느낄 수 없었던 것이다.

'감사의 뇌 회로'가 발달하지 않은 사람에게 "힘들 때도 감사하라"고 말하는 것은 평소 근육운동을 전혀 하지 않는 사람에게 "올림픽에 출전하라"고 말하는 것과 같다. 그러므로 항상 감사하는 마음을 지니려면, 사소한 일이라도 좋으니, 매일 감사할 거리를 찾아내 '감사의 뇌 회로'를 단련해야 한다. '감사의 뇌 회로'가 발달하면 더 많은 일에 감사하게 되어 마침내 항상 감사하는 마음을 지니게 될 것이다.

뇌 단련
POINT
: 감사하는 마음을 차곡차곡 쌓아 나가면 '감사의 뇌 회로'가 발달해 매사에 감사하게 된다.

마음먹으면
언제든 감사할 수 있다

"감사가 중요하다고는 하는데, 그다지 감사할 일이 없다."

연수에서 감사에 관해 이야기하면 이런 말을 들을 때가 있다. 어쩌면 독자 여러분 중에도 이렇게 생각하는 사람이 있을지 모르겠다.

이에 '감사'에 관해 조금 더 구체적으로 살펴보고자 한다. 일본어로 '감사(感謝)'라고 하면 '감사하다(感謝する)'는 동사를 먼저 떠올리게 된다. 그런데 영어권에서 '감사(gratitude)'는 명사로 기쁨, 슬픔, 분노처럼 '감정'의 하나로 받아들여진다.

감정은 외부에서 실제 사건이 일어나지 않아도 마음먹기에 따라 얼마든지 바꿀 수 있다. 기쁨을 느끼고 싶으면 미소를 짓거나 "야호!"를 외치며 뛰어오르는 것이 효과가 있으며, 분노 또한 화가 났던 일을 떠올리면 자연히 내면에서 그 감정이 우러난다. 이와 마찬가지로 무언가 특별한 일이 없어도 마음먹기에 따라 '감사'라는 감정을 느낄 수 있다.

앞서 감사에는 '은혜적 감사(Doing에 대한 감사)'와 '보편적 감사(Being에 대한 감사)'의 두 종류가 있다고 이야기했는데, 이 중 '보편적 감사'가 '감정으로서의 감사'에 가깝다고 할 수 있다. '뇌 단련'에서 강조하는 감사 또한 '감정으로서의 감사'에 가깝다. 감사할 일이 있어서 감사하는 것이 아니라, 언제나 '감사'라는 감정을 품는 것이다. 이렇게 생각하면 항상 감사하는 마음을 지니는 것이 그리 어렵지만도 않을 것이다.

내가 '항상 감사하는 마음을 지니는 것'의 중요성을 알게 된 것은 교토세라믹 주식회사(현 교세라)를 설립한 동사의 명예회장 이나모리 가즈오(稲盛 和夫)의 저서 《카르마 경영(生き方)》을 읽고 나서다.

거기에는 "힘든 일이 생기면 성장할 기회를 얻어서 감사하고, 행운이 찾아오면 당연히 더 고맙고 황송해서 감사하게 된다"고 적혀 있다. 나 또한 그런 감사를 계속하고 싶다.

뇌 단련 POINT : **감사는 감정의 한 종류다. 특별한 일이 없어도 마음먹기에 따라 감사할 수 있다.**

감사의 뇌 회로를 단련하는 '용기 불어넣기'

어떻게 하면 '감사의 뇌 회로'를 단련해 감사하는 습관을 들일 수 있을까?

일례로 날마다 '감사 일기'를 쓰는 것도 좋은 방법 중 하나다. 그날 일어난 일 중 감사할 일을 기록하는 것이다.

'활기찬 하루를 보낸 것에 감사!', '맛있는 음식을 만들어주신 어머니께 감사!', '아파트 주변을 깨끗하게 청소해주신 분들께 감사!', '회사 동료와 즐거운 시간을 보낸 것에 감사!' 등……. 하루를 돌아보면 의외로 감사할 일이 많다.

하지만 이쯤에서 고백하건대, 실은 나조차 일기 쓰기를 그다지 즐기지 않는다. 그래서 감사 일기를 쓰는 대신 매일 '용기 불어넣기'를 하고 있다.

'용기 불어넣기'란 아들러 심리학의 용어로, 다른 사람에게 용기를 불어넣는 말을 하는 것이다.

용기를 불어넣는 말이라고 하면 "힘내세요", "잘될 거예요", "할 수 있어요"와 같은 응원의 말이 먼저 떠오르겠지만, "고맙습니다", "덕분이에요"라는 감사의 말도 상대에게 용기를 준다.

예컨대 공중화장실을 이용하다 청소하는 분과 마주쳤을 때 "감사합니다" 하고 인사하는 것도 용기 불어넣기에 해당한다.

얼마 전 가고시마공항 화장실에서 미화원이 변기를 열심히 닦고 있는 모습을 보게 됐다. 그분께 "화장실을 깨끗하게 관리해주셔서 감사합니다" 하고 인사했다. 실제로 화장실이 워낙 깨끗해서 기분 좋게 사용했던 터다.

그분은 "저야말로 감사합니다"고 말하며 얼굴 가득 환한 미소를 보였다. 그 모습을 보고 있자니 내 마음이 긍정의 에너지로 가득 차는 느낌이었다.

또 나는 버스에서 내릴 때면 기사님께 꼭 감사 인사를 한다. 도쿄의 버스도 앞문으로 타고 뒷문으로 내리기 때문에 내릴 때 기사님께 인사를 하려면 꽤나 큰 목소리를 내야 한다. "고맙습니다!" 하고 외치듯 인사하는 꼬마 승객은 봤지만, 다 큰 어른이 목청을 높여 인사하려니 용기가 필요했다. 출근길을 함께하는 아내도 기사님께 인사하기에 동참하고 있는데, 아내 역시 처음에는 왠지 민망했다고 한다.

하지만 우리의 인사를 들은 기사님이 거울 너머 미소로 화답하는 모습에 부끄러움은 이내 사라졌다.

더 기분 좋은 일은, 시간이 흐르면서 우리처럼 "고맙습니다!"를 외치며 버스를 내리는 승객이 하나둘 늘어나기 시작했다는 사실이다.

이처럼 감사하는 습관을 들이면 감사의 '뇌 회로'가 발달해 매사에 감사하게 된다는 사실을 뇌과학 연구는 말해주고 있다.

'항상 감사하는 마음을 지니는 것'은 뇌를 활성화하고 많은 이득을 가져다준다. '용기 불어넣기'를 실천해야겠다고 마음먹었을 때 나는 가장 먼저 상점 계산대에서 "고맙습니다" 하고 인사하는 것부터 시작했다. 그리고 레스토랑에서 좌석까지 안내해준 직원, 물을 가져다준 직원, 주문을 받은 직원에게 감사 인사를 했다. 그러다 어느 날 문득 버스에서 내릴 때도 기사님께 감사 인사를 해야겠다는 생각이 든 것이다.

이처럼 '용기 불어넣기'를 시작하자 감사할 일이 차례차례 눈에 들어왔다. 감사하는 일에 '이만하면 충분하다'는 한계는 없는 듯하다.

나는 '뇌 단련'을 시작한 후 예전보다 감사할 거리가 많아졌다. 그리고 내가 아직 발견하지 못한 감사할 일이 무수히 많음을 알고 있다.

우리의 목표는 '은혜적 감사'를 포함한 '보편적 감사'의 마음을 갖는 것이다. '은혜적 감사'라는 작은 씨앗을 찾아내 그 마음을 유지하고자 노력하면 '보편적 감사'에 도달할 수 있다. 그러기 위해서는 '감사의 뇌회로'를 더욱 열심히 단련해야 한다.

뇌 단련 POINT	항상 감사하는 마음을 지니려면 감사하는 습관을 들이는 것이 중요하다. 먼저 상점 계산대에서 "고맙습니다" 하고 인사하는 것부터 시작해보자.

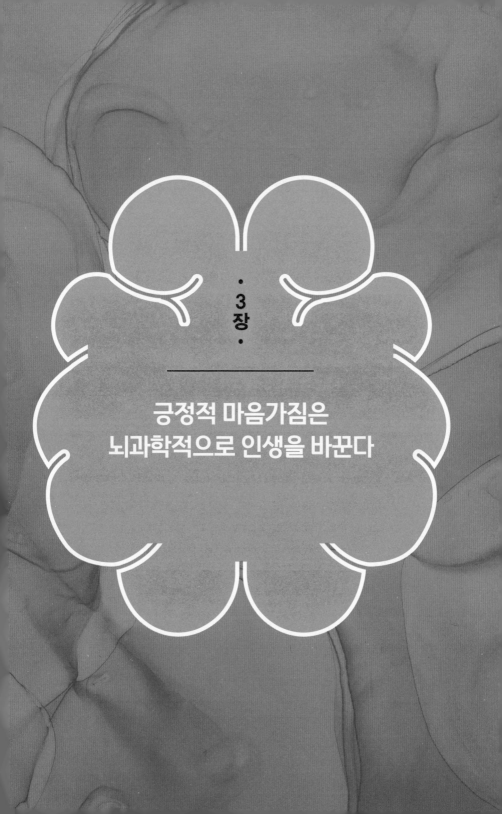

· 3
장 ·

_____

긍정적 마음가짐은
뇌과학적으로 인생을 바꾼다

'뇌 단련'의 두 번째 포인트는 '긍정적 마인드'다.

"사물을 긍정적으로 바라보면 인생이 순조롭게 흘러간다"는 말은
자기계발서에도 자주 등장하는데,
그 원리를 뇌과학적으로 살펴보고자 한다.

요점부터 말하자면, **긍정적 마인드를 지니면
뇌가 활성화돼 뇌 전체를 고루 사용할 수 있다.**
구체적으로 어떻게 활성화되는지를 밝힌 다양한 연구를
이 장에서 소개한다.

인간은 본래 부정적인 것에 더 쉽게 반응하는 특성이 있기 때문에
긍정적 마인드를 지니는 것은 생각보다 쉽지 않다.

어떻게 해야 긍정적 마인드를 지닐 수 있는지,
그 방법과 비결을 살펴보자.

사람이나 사물의 부정적인 면이
먼저 눈에 들어오는가?

인간의 뇌는 기본적으로 긍정적 마인드를 지니는 데 취약하다.

인간의 뇌에는 자신을 위험에 빠뜨리는 요소를 감지하기 위해 사물의 부정적인 면을 찾아내는 '네거티브 바이어스'가 걸려 있기 때문이다.

이는 인류가 엄혹한 자연환경에서 생존하기 위해 본능적으로 체득한 기능이다. 인간이 큰 어려움 없이 먹거리를 취하고 비교적 안전한 환경에서 살게 된 것은 인류 역사상 0.1%에도 미치지 않는 짧은 시간에 불과하다. 그 이전에는 맹수의 습격이나 자연재해와 같은 잠재적 위험이 도사리고 있는 환경에서 살아 왔다.

인간은 위험을 감지하면 'FF(Fight or Flight, 투쟁 또는 회피) 상태'에 돌입한다. Fight는 투쟁, Flight는 도피를 뜻한다. 즉 위험과 맞닥뜨렸을 때 전력으로 싸우거나 필사적으로 도망치는 것 중 하나를 선택하는 것이다. 이때 뇌는 투쟁 또는 도피를 위한 회로만 켜두고 나머지 기능은 꺼버린다. 이 네거티브 바이어스는 현대인의 DNA에도 고스란히 남아 있어 위험을 감지하면 FF 상태에 돌입하게 한다.

그러나 지금은 그 옛날만큼 치명적인 위험이 상재하지는 않는다. 주요 활동 무대가 사라져버린 네거티브 바이어스는 이제 소소하고 사소한 영역에서 작동하기 시작했다.

예를 들면 직장 동료의 단점을 찾아내거나, 상점 점원이나 상품에 대해 트집을 잡을 때 그 능력이 발휘되는 것이다. 온라인 쇼핑을 하면서 부정적인 후기에 더 주목하게 되는 것도 같은 맥락이다. 나 역시 별 다섯 개짜리 상품평보다는 별 한 개짜리를 더 열심히 살펴보며 구매 여부를 결정하곤 한다. 이처럼 우리 뇌는 부정적 자극에 더 예민하게 반응한다. 그래서 자기도 모르는 사이에 부정적 사고방식에 지배당하기 쉽다.

그렇다면 우리는 어떻게 해야 긍정적 마음가짐을 유지할 수 있을까? 결론부터 말하자면, 네거티브 바이어스와 같은 뇌의 특성을 이해하고 긍정적 마인드를 갖게 하는 뇌 회로를 단련하면 된다.

다만 주의할 점이 하나 있다. 무리해서 억지로 긍정적 마인드를 가지려 하면 오히려 역효과가 일어날 수 있다는 점이다.

그러면 이제 자연스럽게 긍정적 마인드를 지니기 위해서는 어떻게 하면 될지에 관해 살펴보자.

뇌 단련 POINT	다른 사람의 단점이나 부정적인 평가가 먼저 눈에 들어오는 것은 '네거티브 바이어스' 탓이다. 긍정적 마인드를 갖게 하는 뇌 회로를 단련하자.

머피의 법칙을 샐리의 법칙으로 바꾸자

  우리는 '무언가 좋은 일이 생겨야 긍정적 마인드를 가질 수 있다'고 생각하는 경향이 있다.

  그런데 뇌의 특성을 생각하면 그 순서는 반대가 돼야 한다. 즉, 긍정적 마인드를 가져야 뇌가 활성화돼 좋은 일이 생기는 것이다. 이를 뒤집어 생각하면, 부정적 사고방식은 뇌에 브레이크를 걸어 뇌 기능을 떨어뜨린다는 뜻이기도 하다. 바로 이 점에서 '머피의 법칙'(좋지 않은 일이 꼬리를 물고 일어나는 현상)을 뇌과학적으로 설명할 수 있다. 부정적 감정이 마음을 지배하면, 긍정적으로 생각했더라면 알아차릴 수 있었을 호재를 알아차리지 못하게 된다. 또 긍정적으로 생각했더라면 피할 수 있었을 악재를 피하지 못할 수도 있다. 그 결과 또 다른 나쁜 일이 도미노처럼 잇따른다.

평소 긍정적 마음가짐을 유지하면 뇌 기능이 활발해져 나쁜 일이 생기지 않도록 방지하거나, 나쁜 일이 생기더라도 기발한 발상으로 슬기롭게 극복하고 위기를 기회로 바꿔 한 단계 더 발전할 수도 있다.

어쩌면 당신도 다음과 같은 경험을 했을지 모른다. '대운'이 들어올 것이라는 점괘를 뽑고 나서 공교롭게도 길에서 돈을 줍는다든가, 일이 잘 풀린다든가, 생각지 못한 좋은 제안을 받는다든가 하는 일 말이다. 뇌과학적 관점에서는 대운이 들어온다는 점괘 덕분에 긍정적 마음을 갖게 돼 뇌 기능이 활발해짐으로써, 다른 때 같았으면 그냥 지나쳤을 주인 잃은 돈이 눈에 들어오고, 새로운 아이디어가 떠오르고, 다른 사람과의 소통이 잘 이루어진 것으로 해석할 수 있다.

단, 여기에는 간과해서는 안 될 중요한 조건이 있다. 그것은 '평소 긍정적 마음가짐을 유지하는 것'이다. 앞에서도 이야기했지만, 뇌는 근육과 마찬가지로 평소 꾸준히 사용하지 않으면 그 기능이 쇠퇴한다. 어떤 상황에서도 긍정적 마음가짐을 유지하려면 평소 꾸준히 뇌를 단련해야 한다.

뇌 단련
POINT
: 특별히 좋은 일이 없어도 평소 긍정적 마음가짐을 유지하면 뇌를 단련할 수 있다. 이것이 '샐리의 법칙'(좋은 일이 꼬리를 물고 일어나는 현상)을 일으킨다.

긍정적 마인드는
좋은 결과를 끌어낸다

인생을 살다 보면 예기치 못한 스트레스 상황에 놓일 때가 있다. 그러면 우리는 자기도 모르게 부정적 사고에 갇히고 만다.

하지만 아무리 힘든 상황에서도 한 줄기 빛을 찾아내 긍정적인 방향으로 생각을 전환하면 뇌 기능이 활발해져 그 상황을 극복할 수 있는 지혜와 아이디어가 떠오른다. 이를 증명하는 과학적 연구를 소개하고자 한다.

먼저 미국 카네기멜론대학교 크레스웰(Creswell, J.D.) 박사 팀의 연구를 살펴보자. 이들은 73명의 학생을 두 그룹으로 나눈 뒤, 한 그룹은 그대로 두고, 다른 한 그룹에는 과거의 성공 경험을 떠올림으로써 '자기긍정감('나는 할 수 있다'는 긍정적 마음가짐)'을 높이게 했다.

그 다음 각 그룹의 뇌 기능을 측정했다. 그 결과 과거의 성공 경험을 떠올려 자기긍정감을 높인 그룹은 뇌 기능이 35%나 높아졌다. 이들은 스트레스 상황에서도 뇌 기능이 높게 유지됐다.

미국 워싱턴대학교의 홀(Hall, C.C.) 박사 팀은 긍정적 마인드를 지니면 시야가 넓어져 호재를 놓치지 않는다는 연구 결과를 발표했다.

실험 대상은 만성적 스트레스를 안고 있는 80명의 사람들로, 연구팀은 이들을 두 그룹으로 나눈 뒤 크레스 박사의 연구와 마찬가지로 한 그룹만 '자기긍정감'을 높이는 과정을 거쳤다. 그리고는 실험 목적을 밝히지 않은 채 두 그룹의 시야가 얼마나 넓어졌는지 알아보기 위해 다음과 같은 테스트를 실시했다.

먼저 실험실 앞 접수 테이블에 환급금 신청서를 놓아뒀다. 이 실험에 참가한 사람은 누구나 신청만 하면 환급금을 받을 수 있었는데, 테이블 위에 신청서가 있다는 사실을 알리지 않고 어느 그룹이 신청서의 존재를 더 잘 알아차리는지 테스트한 것이다.

그 결과 '자기긍정감'을 높인 그룹에서는 48%가 신청서를 가져갔다. 구체적으로는 60%가 테이블 앞에 멈춰섰고, 그중 80%가 신청서를 집어들었다. 반면, 자기긍정감을 높이는 과정을 거치지 않은 그룹은 14%만이 신청서를 가져갔다. 이 그룹에 속한 사람 중 40%가 테이블 앞에 멈춰섰고, 그중 신청서를 집어든 사람은 36%에 불과했다.

이 연구에서도 스트레스 상황에 놓여 있다 하더라도 '자기긍정감'이 높은 사람, 즉 긍정적 마인드를 지닌 사람은 뇌 기능이 활발해진다는 사실을 알 수 있었다. 또 '자기긍정감'이 높아지면 시야가 넓어져 중요한 정보를 놓치지 않는다는 사실도 밝혀졌다. '정보 격차'라는 말이 있듯이, 현대에는 정보를 습득하고 그 내용을 이해하는 것이 생활 전반(때로는 인생)에 지대한 영향을 미친다. 이 점에서도 긍정적인 마인드를 지니는 것은 대단히 중요하다.

이 두 연구에서 '긍정적 마인드 형성 → 좋은 결과'라는 패턴을 발견할 수 있었다. 즉, 자연스럽게 긍정적인 마인드를 형성하는 비결 그 첫 번째는 '과거의 경험 중 긍정적 감정을 느꼈던 경험을 떠올리는 것'이다.

포인트는 과거의 '성공 방식'이 아닌 그때의 '감정'을 떠올리는 것이다. 그러면 억지로 긍정적인 마인드를 가지려 하지 않아도 자연스럽게 긍정적인 사람이 될 수 있다.

뇌 단련
POINT
: [자연스럽게 긍정적 마인드를 형성하는 비결 ❶]
긍정적 감정을 느꼈던 과거의 경험을 떠올린다.

긍정적 감정은 '학습 효과', '소득', '업무 퍼포먼스'를 높인다

긍정적 감정은 학습 효과, 소득, 업무 퍼포먼스를 높인다는 사실도 밝혀졌다.

먼저 '학습 효과'에 관해 살펴보자. 독일 뮌헨대학교의 페크룬 (Pekrun, R.) 박사 팀은 학생 474명을 대상으로 감정과 학습의 상관관계를 조사했다. 그 결과 기쁨, 희망, 자부심 등 긍정적 감정을 느낄 때 학습에 대한 흥미와 의욕이 높아지는 것으로 나타났다. 또 긍정적 감정을 느끼는 동안에는 집중력이 유지되고 자제력도 강해졌다. 그뿐 아니라 실제로 성적도 향상됐다.

반면 분노, 불안, 수치, 절망 등 부정적 감정을 느끼는 상태에서는 학습에 대한 흥미와 의욕, 집중력, 자제력이 낮아지고, 실제로 성적도 하락하는 것으로 나타났다.

긍정적 감정 중 유일하게 뚜렷한 긍정적 효과를 나타내지 못한 것은 '안도감'이었다. 그렇다고 해서 안도감이 부정적인 효과를 보인 것은 아니다. 참고로 모든 부정적 감정은 뚜렷한 부정적 효과를 보였다.

우리는 상대가 더욱 성장하기를 바라는 마음에 상대의 부족한 점을 지적하며 긍정적 감정보다는 부정적 감정을 심어주곤 한다. 또 안도감을 느끼면 노력하지 않을 것이라는 생각에 부정적인 말로 채찍질을 하기도 한다. 하지만 그것은 역효과를 부를 뿐이다.

다음으로 긍정적 마인드를 지니는 것이 '소득의 크기'와 어떤 관련이 있는지 살펴보자. 미국 캘리포니아대학교 리버사이드캠퍼스의 보엠(Boehm, J.K.) 박사는 1만 3,000명의 신입생을 대상으로 '긍정적 마음가짐의 정도'를 조사하는 설문을 실시했다. 그로부터 16년 후 이들의 연간소득을 조사한 결과, 대학 신입생 시절부터 긍정적 마인드를 지니고 있던 사람의 연간소득이 더 높다는 사실이 밝혀졌다.

그 차이는 20%에 달했다. 이는 누군가 연봉 5,000만 원을 받을 때 다른 누군가는 6,000만 원을 받는 것을 의미한다. 불과 30대 중반의 나이에 이 정도로 차이가 벌어지다니, 긍정적 감정의 영향이 얼마나 지대한지 알 수 있다.

동 대학교의 류보머스키(Lyubomirsky, S.) 박사 팀의 연구에서는 다음과 같은 결과가 나왔다.

- 긍정적인 사람은 일거리를 쉽게 찾아내며, 그 일을 높은 확률로 성공시킨다
- 업무 퍼포먼스는 급여나 복리후생과 같은 '직원 만족도'보다는 긍정적 마인드를 포함한 '웰빙'과 더 깊은 관련이 있다
- 직장에서의 긍정적 태도는 낮은 퇴사율과 더 좋은 구성원으로서의 행보로 이어진다

생명보험 설계사 중에서도 긍정적 마인드를 지닌 사람의 실적이 그렇지 않은 사람보다 더 높고, 1년 후 퇴직율도 더 낮게 나타났다.

자연스럽게 긍정적 마인드를 형성하는 비결 그 두 번째는 '기쁨, 희망, 자부심 등 긍정적 감정을 느낀다'이다.

뇌 단련
POINT

[자연스럽게 긍정적 마인드를 형성하는 비결 ❷]
기쁨, 희망, 자부심 등 긍정적 감정을 느낀다.

긍정적인 말은
뇌 전체를 활성화한다

긍정적인 말을 듣느냐 부정적인 말을 듣느냐에 따라 뇌의 활성도가 달라진다는 사실이 밝혀졌다.

스페인 마드리드대학교의 마르틴 로체스(Martín-Loeches, M.) 박사 팀은 피험자 24명을 대상으로 '긍정적인 말'을 들었을 때와 '부정적인 말'을 들었을 때의 뇌파를 각각 측정했다. 그 결과 긍정적인 말을 들었을 때는 먼저 뇌의 액셀이 작동하며 뇌 전체가 활성화됐다.

반면 부정적인 말을 들었을 때는 뇌의 액셀이 이렇다 할 반응을 보이지 않았으며, 부정적인 말을 계속 들려주자 뇌의 브레이크가 강하게 작동하며 부정적 감정이 일기 시작했다.

우리는 부하직원이나 후배 혹은 자녀를 성장시키고자 할 때 격려의 의미랍시고 부정적인 말을 내뱉곤 한다.

"이렇게 쉬운 일도 못 하면 어떻게 해", "이런 것도 못 하면 곤란해".

물론 상대를 위하는 마음에서 하는 말이겠지만, 이 연구 결과는 부정적인 말로는 사람을 성장시킬 수 없다는 사실을 보여준다.

누군가를 격려하고 싶다면 다음과 같이 말해보자.

"지금까지 잘해왔으니, 앞으로도 분명 잘할 거야. 널 믿어!"

이 같은 긍정적인 말이야말로 뇌를 활성화해 사람을 더욱 성장하게 한다.

자연스럽게 긍정적 마인드를 형성하는 비결 그 세 번째는 '긍정적인 말을 한다'이다.

뇌 단련 POINT : **[자연스럽게 긍정적 마인드를 형성하는 비결 ❸]**
긍정적인 말을 한다.

긍정적 감정에는
고요하고 차분한 것도 있다

'긍정적'이라고 하면 활기차고 밝은 이미지가 먼저 떠오르지만, 반드시 그런 것만은 아니다.

미국 캘리포니아대학교 리버사이드캠퍼스 아르멘타(Armenta, C.N.) 박사 팀의 연구에서는 긍정적 감정 또는 상태로서 '기쁨, 사랑, 감사, 감탄, 고양, 경외, 평정, 흥미, 희망, 자부심, 즐거움, 번뜩임, 겸허'의 13가지를 들고 있다. 이처럼 긍정적 감정에는 '고요하고 차분한 것도 포함된다. 연구팀은 긍정적인 감정은 '육체적 건강', '높은 생산성', '이타적 행동', '높은 소득', '만족도 높은 결혼생활'과 같은 좋은 결과를 가져온다는 결과를 발표했다.

긍정적 마인드를 형성하고 그것을 유지하고 싶다면 '기쁨, 사랑, 감사, 감탄, 고양, 경외, 평정, 흥미, 희망, 자부심, 즐거움, 번뜩임, 겸허'의 13가지 감정 중 하나를 의식하는 것도 좋은 방법이다.

마음속으로 사랑, 희망, 자부심과 같은 감정을 떠올려보자. 앞에서 소개한 '감사'도 긍정적 마인드를 형성하는 데에 도움이 되는 감정 중 하나라는 것을 이 연구에서도 알 수 있다.

1장에서 세계에서 가장 행복한 뇌를 가졌다고 알려진 티베트 불교 승려 마티외 리카르를 소개하면서 뇌에도 액셀과 브레이크가 있다고 설명했다. 뇌과학적으로 '긍정적 마인드'의 이상적인 상태란, 평소에는 뇌의 액셀이 활성화돼 있다가 필요할 때 적절히 브레이크가 작동하는 상태를 말한다. 리카르의 뇌 액셀 활성도는 보통 사람의 500배나 되지만, 그는 결코 고양된 감정의 소유자가 아니다. 오히려 차분하고 고요한 인상을 주는 사람이다.

뇌의 액셀이 극도로 활성화된다는 것은 '셀프리스' 상태, 즉 사심(이기심)이 줄어들고 평온하고 긍정적인 감정이 들며 뇌 전체가 활성화되는 것을 말한다.

뇌 단련
POINT
: 긍정적 감정에는 밝고 활기찬 것뿐만 아니라 경외, 평온, 겸허와 같이 차분하고 고요한 감정도 포함된다.

'즐긴다'는 것은
어떤 상태일까?

긍정적인 마인드를 형성하는 데에는 이 밖에도 다양한 방법이 있다.
그중 하나는 자신이 놓인 상황을 즐기는 것이다.

2005년 일본 프로야구팀 지바 롯데 마린스를 일본 시리즈 우승으로
이끈 바비 밸런타인 전 감독은 '즐기는 것'을 중시했다고 한다.

경기 중 팀이 위기에 봉착했을 때 등에 감독이 마운드에 나가 선수
들과의 대화를 나누는 장면을 본 적이 있을 것이다. 위기의 순간에 밸
런타인 감독이 자주 한 말은 "이 또한 즐겁지 아니한가!"였다고 한다.
패색이 짙은 상황에서도 "즐기자!"라는 말로 선수들을 다시 일으켜세
운 것이다.

자메이카 육상 단거리 선수 우사인 볼트 또한 일본을 방문했을 때 육상 꿈나무들을 만난 자리에서 "즐겨야 한다. 즐기면 좋은 결과가 따라온다"는 말을 가장 먼저 했다고 한다.

이들의 말은 뇌과학적으로도 일리가 있다.

중국 화둥사범대학교 인타사오(Intasao, N.) 박사 팀도 긍정적 마인드를 지니면 창의력이 높아지고 즐기는 마음으로 힘든 일도 척척 해낼 수 있게 된다는 연구 결과를 발표했다.

'즐기는 것'은 긍정적 마음으로 최대한 집중하고 있는 상태를 말한다.

이러한 상태가 되면, 여느 때 같으면 엄두가 나지 않을 힘든 일도 큰 스트레스를 느끼지 않고 해낼 수 있다. 밸런타인 감독과 볼트 선수가 말하는 '즐긴다' 역시 이 같은 상태를 말한다.

자연스럽게 긍정적 마인드를 형성하는 비결 그 네 번째는 "상황을 즐긴다!"이다.

뇌 단련
POINT

[자연스럽게 긍정적 마인드를 형성하는 비결 ❹]
상황을 즐긴다!

외모와 상관없이,
'웃는 얼굴'이 인생을 잘 풀리게 한다

"스마일!"

이 또한 밸런타인 감독이 선수들에게 자주 하던 말이라고 한다. 언제 어디서든 표정이 굳은 선수를 발견하면 밸런타인 감독의 입에서는 "스마일!"이라는 말이 나왔다. 그는 오랜 경험을 통해 미소가 선수의 기량을 높인다는 사실을 알고 있었던 것이다. 바로 이 '미소짓기' 또한 긍정적 마인드를 형성하는 방법 중 하나다.

2001년 미국 캘리포니아대학교 버클리캠퍼스의 하커(Harker, L.) 박사는 긍정적인 마인드를 지니는 것이 우리에게 어떤 영향을 미치는지 알아보기 위한 실험을 실시했다. 하커 박사는 여학생 141명의 졸업사진을 수집한 뒤, 이들이 27세, 41세, 52세가 됐을 때 다시 얼굴 사진을 찍어 어떤 변화가 일어나는지 관찰했다.

그 결과 졸업 당시 어두운 표정으로 사진을 찍은 사람은 나이가 들어서도 부정적 마인드를 지닌 채 "일이 바빠서 힘들다", "가족 때문에 골치가 아프다" 등 자신의 처지를 불평하며 살고 있었다. 반면 웃는 얼굴로 졸업 사진을 찍은 사람은 원만한 결혼생활을 유지하는 비율이 높았다. 조사 대상이 '미인'인지 아닌지는 결과와 상관이 없었다. 즉 얼굴 생김새와는 상관없이, 어떤 상황에서도 미소를 짓는 긍정적 마인드가 행복을 부르는 것이다.

참고로 보톡스를 사용해 웃는 얼굴로 근육을 고정하면 마음가짐도 긍정적으로 변화한다는 연구가 2010년에 발표된 바 있다. 그러나 그로부터 8년 뒤, 인위적으로 웃는 얼굴을 만들었을 때는 일시적으로는 긍정적 감정을 느낄 수 있지만, 장기적으로는 오히려 긍정적 감정과 성적 만족감을 느끼지 못하는 부작용이 나타났다는 연구가 발표됐다. 이는 보톡스로 인한 부작용이라기보다는 '인위적'으로 표정을 고정했기 때문으로 생각된다.

결국 자신의 의지로 웃는 것이 가장 효과적임을 알 수 있다. 기쁘지 않아도 즐겁지 않아도 일단 미소를 지어보자. 감사와 마찬가지로, 기쁜 일이나 즐거운 일이 있어야 웃는 것이 아니라, 일단 미소를 지으면 긍정적 마음이 들어 기쁜 일, 즐거운 일이 일어난다.

이렇듯 자연스럽게 긍정적 마인드를 형성하는 비결 그 다섯째는 '미소를 짓는다'이다. 그런데 잘 웃는 사람을 진지하지 않은 사람으로 생각하는 경우가 많은 듯하다. 나는 어린 시절 리틀 야구단 멤버였다. 한 번도 주전선수로 뽑힌 적 없는 그저 그런 실력이었지만, 나름대로는 훈련에 최선을 다했다. 그런데 당시 내 얼굴은 웃지 않아도 왠지 웃고 있는 것처럼 보였던 모양이다.

코치님은 그런 날 보고 "이와사키! 실실 웃지 말고 진지하게 하란 말이야!" 하고 역정을 내곤 했다. 이제 와 뇌과학적으로 생각하면, 그때 코치님이 "이와사키! 언제나 야구를 즐기는 모습이 보기 좋구나. 잘하고 있어!"라고 말했더라면 내 실력이 조금 더 나아지지 않았을까 하는 아쉬움이 남는다.

뇌 단련
POINT
: [자연스럽게 긍정적 마인드를 형성하는 비결 ❺]
미소를 짓는다.

먼저 인사하면
'브로카영역'이 단련된다

잠깐 내 이야기를 해볼까 한다.

대학원에서 공부하던 시절, 친구로부터 "사람은 누구나 행복해지길 바란다"는 말을 듣고 충격을 받았다는 이야기는 이미 한 바 있다. 하지만 그때까지만 해도 행복해지고 싶다는 마음은 들지 않았다. 나는 대학원 졸업 후 일본으로 돌아와 통상산업성(현 경제산업성) 연구실에서 6년 남짓 근무하다, 다시 미국으로 건너가 시카고 노스웨스턴대학교에서 준교수직을 얻었다.

당시 내 나이는 40대였는데 여전히 행복을 꿈꾸지는 않았다. 하지만

이대로 평생 홀로 지내는 것은 왠지 쓸쓸하다는 생각이 들기 시작했다. 더 정확히 말하자면, 결혼 상대를 만나고 싶은 마음이 생긴 것이다.

짐작하겠지만, 당시의 나는 다른 사람과 소통하는 데에 영 소질이 없었기 때문에 신붓감을 구하려면 먼저 이 문제부터 극복해야 했다. 그래서 시작한 것이 '말 걸기 프로젝트', 즉 누군가에게 내가 먼저 말을 거는 것이었다.

그때 내 상태가 얼마나 심각했는가 하면, 회사에서 오랜만에 동료를 만나거나 길에서 아는 사람을 마주치면 보통은 "오랜만!", "안녕하세요" 하고 자연스럽게 인사를 나누겠지만, 내 입에서는 그 간단한 말조차 쉽게 나오는 법이 없었다.

상대의 인사에 "네, 안녕하세요"라고 대답하는 것만으로도 입술이 천근만근은 되는 듯 안간힘을 써야 했다. 그리고 어렵사리 입을 뗐을 때는 이미 상대는 지나가고 없었다.

뇌과학적으로 이 문제를 해결하려면 뇌에서 언어를 관장하는 '브로카영역'(운동성 언어 중추)을 단련해야 한다고 생각했다.

뇌의 특정 부위를 단련하려면 그 부위를 최대한 자주 사용해야 한다.

브로카영역은 대화가 시작되기 전 "안녕하세요", "고맙습니다" 하고 인사를 건넬 때처럼 '내가 먼저 첫 마디를 뱉을 때' 특히 활성화된다.

'말 걸기 프로젝트'의 첫 단계로서 내가 먼저 상대에게 말을 걸어 브로카영역을 단련한다는 계획을 세웠다.

상대는 길에서 마주치는 생면부지의 사람으로 하되, 최종 목표는 결혼 상대를 만나는 것이었으므로 성별은 여성으로 한정했다.

그리고 상대가 불쾌감을 느끼지 않고 오히려 '오늘 좋은 사람을 만났다'고 생각하게끔 하는 말을 하려고 노력했다.

나중에 알게 된 사실이지만, 뇌는 그렇지 않아도 네거티브 바이어스 때문에 부정적인 정보를 찾아내려는 습성이 있는데, 브로카영역이 존재하는 '아래이마이랑(하전두회)'이 약해지면 더욱 더 부정적 정보에 의식을 집중하게 된다.

반대로 아래이마이랑을 단련하면 긍정적 정보에도 눈을 돌리게 된다.

'말 걸기 프로젝트'는 나의 아래이마이랑을 단련해 긍정적 정보에 주목하게 하고 마음가짐 또한 긍정적으로 변화하는 데 도움이 됐다.

부모님이나 학교 선생님으로부터 "인사는 활기차게!"라는 말을 들은 적이 있을 것이다. 이는 예의 바르게 행동하라는 뜻이지만, 실은 활기찬 인사에는 브로카영역을 단련해 긍정적 마인드를 형성하는 뇌과학적 효과가 있었던 것이다.

자연스럽게 긍정적 마인드를 형성하는 비결 그 여섯 번째는 '먼저 활기차게 인사함으로써 브로카영역을 단련한다'이다.

뇌 단련
POINT
[자연스럽게 긍정적 마인드를 형성하는 비결 ❻]
먼저 활기차게 인사함으로써 브로카영역을 단련한다.

'작은 성공'에 주목하면
뇌는 긍정적으로 바뀐다

'말 걸기 프로젝트' 초기에는 지나가는 사람에게 "Hi(안녕)!" 하고 인사하는 것이 고작이었다.

다행히 미국에는 낯선 사람과도 눈이 마주치면 인사를 나누는 문화가 있어서 내가 "Hi!" 하고 인사하면 대부분 "Hi!" 하고 호응해줬다. 덕분에 시간이 흐르면서 차츰 인사뿐만 아니라 대화도 나눌 수 있게 됐다. 그렇게 '말 걸기 프로젝트'를 시작하고 반년 만에 약 3,000명과 이야기를 나눴지만……, 실은 처음 80명까지는 인사만 주고받은 정도였다.

"그건 대화로 보기 어렵지 않나?"라고 생각할지도 모르지만, 굳이 짧은 인사까지 일일이 카운트한 것은 뇌의 특성을 고려했기 때문이다.

인간의 뇌는 그것이 아무리 사소하고 시시하더라도 '스스로 해낸 일'
에 주목하면 긍정적으로 변화한다.

중국 홍콩이공대학의 초이(Choy, E.E.H.) 박사 팀은 196명의 피험자
를 대상으로 에너지가 높아지는 뇌 사용법에 관한 연구를 실시했다.

그 결과 어떤 일을 시작하거나 지속하기 위한 에너지를 일으키려면,
작고 사소한 일이라 해도 긍정적인 면에 의식을 돌리는 것이 중요하다
는 사실을 알게 됐다.

반대로 부정적인 면에 의식을 돌리는 경향(좋지 않은 기억을 떠올린다,
현재 안고 있는 심각한 문제를 생각한다, 지금 누리고 있는 기쁨을 생각하지 않
는다, 자신의 뜻대로 할 수 있는 것이 없다고 생각한다, 부정적인 감정에 쉽게 빠
져든다 등)이 있으면 앞으로 나아가기 위한 추진력을 얻기 어렵다.

부정적인 면에 의식을 돌리는 행위 중에는 '침울한 기분으로 반성한
다'도 있었는데, 뇌과학적으로 '반성'과 '침울'은 전혀 다른 뇌 회로를 사
용한다. 그래서 모처럼 반성하는 시간을 갖는다 해도, 침울한 기분에
빠져 있으면 뇌의 브레이크가 활성화돼 그 효과가 반감된다. 의미 있는
반성을 위한 뇌 사용법은 '돌아보기'에 가깝다.

'말 걸기 프로젝트'에서 인사만 주고받은 사람까지 꼬박꼬박 카운트

한 것은 긍정적인 방향으로 의식을 전환해 말 걸기를 지속하는 원동력이 됐다.

그 대상이 자신이든 타인이든, 네거티브 바이어스 때문에 우리는 '성공'보다는 '실패'에 더 쉽게 주목한다. 그러나 긍정적인 마음으로 일을 지속하기 위한 에너지를 얻기 위해서는 아무리 사소한 일이라도 좋으니 '성공'에 주목해야 한다.

자연스럽게 긍정적 마인드를 형성하는 비결 그 일곱 번째는 '아무리 사소한 것이라도 스스로 해낸 일에 주목한다'이다.

뇌 단련
POINT

[자연스럽게 긍정적 마인드를 형성하는 비결 ❼]
아무리 사소한 것이라도 스스로 해낸 일에 주목한다.

의욕은 '성취감'에서 생긴다

우리는 일반적으로 '의욕이 있어야 → 성취할 수 있다'고 생각한다.

그래서 무슨 일이든 먼저 의욕이 생겨야 그것을 잘하게 된다고 믿는다. 그러나 뇌과학적으로 볼 때는 순서가 잘못됐다. 즉, 사람은 무언가를 성취했을 때 → 의욕이 솟아난다. 일단 성취감을 맛보면 그것을 계속하게 되고, 그러면 더 잘하게 돼 다시 더 큰 의욕이 생겨나는 것이다. 의욕이 샘솟을 때 우리 뇌에서는 대뇌기저핵의 뇌 회로가 활성화된다.

네덜란드 암스테르담대학교 버거즈(Burgers, C.) 박사 팀은 다음과 같은 연구를 실시했다. 157명의 피험자에게 온라인 두뇌 트레이닝 프로그램에 참가하게 한 후, 개인의 역량과 상관없이 '잘하고 있는 부분을 찾아내 긍정적인 피드백을 하는 경우'와 '부족한 점을 찾아내 부정적인 피드백을 하는 경우'에 의욕에 어떤 차이가 나타나는지 조사했다.

그 결과, 부정적인 피드백이 계속되면 의욕이 낮아지는 것으로 나타났다. 보통은 부족한 점을 지적하는 편이 성장에 도움이 된다고 생각하기 쉽지만, 사실은 오히려 의욕을 떨어뜨려 성장을 저해하는 결과를 낳는 것이다. 반면 긍정적인 피드백을 받으면 마음가짐도 긍정적으로 바뀌며 의욕이 높아진다.

한편 피드백에도 골든타임이 있다는 사실도 밝혀졌다. 즉각적인 피드백은 의욕을 높이는 데 매우 효과적이다.

미국 코넬대학교 울리(Woolley, K.) 박사 팀은 의욕을 최대한 끌어올리는 것과 관련해 흥미로운 점을 발견했다. 연구팀은 223명의 피험자를 세 그룹으로 나눈 뒤 간단한 작업을 하도록 지시했다.

첫 번째 그룹에는 작업이 끝나자마자 긍정적인 피드백을 했다. 두 번째 그룹에는 시간을 두고 긍정적인 피드백을 하고, 세 번째 그룹에는 피드백을 하지 않았다.

그런 다음 각 그룹의 의욕이 얼마나 높아졌는지 조사했다.

피드백을 하지 않은 그룹을 기준으로 즉각적인 피드백을 한 그룹의 의욕은 1.6배 상승한 데 반해, 시간을 두고 피드백을 한 그룹에서는 미미한 증가만 보였다. 또 작업 수행 초반에 '즉각적인 긍정적 피드백'을 충분히 받으면, 후에 피드백이 없어도 그 효과가 지속되는 것으로 나타났다. 아무리 사소하더라도 잘한 부분에 주목해 즉시 긍정적인 피드백을 하는 것이, "결과가 좋으면 나중에 큰 보상을 하겠다"고 약속하는 것보다 의욕을 높이는 효과가 크다.

즉, 무언가 새로운 일을 시작했을 때는 가능한 한 빨리, 사소한 것이라도 좋으니 '잘하고 있는 점', '성장하고 있는 점'을 찾아내 긍정적인 피드백을 충분히 하는 것이 의욕을 높이고 유지하는 길이다.

이는 빠른 시간 안에 작은 성공 경험을 쌓는 것과 같은 의미를 지닌다. 반대로 초반에 긍정적 피드백을 받지 못하면 아무리 큰 보상이 기다리고 있더라도 의욕은 그다지 높아지지 않는다.

자연스럽게 긍정적인 마인드를 형성하는 비결 그 여덟 번째는 '작은 성공 경험을 쌓아 의욕을 높인다'이다.

뇌 단련
POINT
：[자연스럽게 긍정적 마인드를 형성하는 비결 ❽]
작은 성공 경험을 쌓아 의욕을 높인다.

성과보다 성장에 주목해
난관을 이겨낸다

'말 걸기 프로젝트'를 시작한 지 반년 만에 3,000명과 대화하는 데 성공!

타인과의 소통을 그토록 어려워하던 내가 저 많은 사람과 대화를 나눈 것은 실로 큰 성과가 아닐 수 없다. 처음부터 3,000명을 목표로 한 것은 아니었다. 물론 최종적으로 도달하고 싶은 이미지는 있었지만, 처음에는 단기 목표에만 초점을 맞췄다. 예를 들면 '오늘은 다섯 명에게 말을 걸자!' 하고 말이다.

불과 반년 만에 3,000명이라고 하니 프로젝트가 순조롭게 진행됐을 것 같지만, 절대 그렇지 않았다. 한번은 쇼핑몰에서 어느 여성에게 말을 걸었는데, 어디선가 키가 족히 2미터는 되는 거구의 남자가 다가와 "내 아내에게 무슨 용건이라도 있느냐"라며 시비를 걸어 온 적도 있었다.

이처럼 벽에 부딪히거나 실패했을 때 좌절하지 않고 앞으로 나아가려면 어떻게 해야 할까?

그런 때일수록 '성과'보다는 '성장'에 주목해야 한다. 그러면 긍정적 마인드가 형성돼 '성장 사이클'을 돌리기 위한 힘을 낼 수 있다.

미국 컬럼비아대학교 그랜트(Grant, H.) 박사가 이를 뒷받침하는 연구 결과를 내놓았다. 연구팀은 92명의 피험자에게 다음과 같은 상황을 상상하게 했다.

"당신은 졸업학점 이수에 꼭 필요한 강의를 듣고 있습니다. 그 강의는 한 학기 동안 여러 번 에세이를 작성해 발표하는 방식으로 진행됩니다. 학생들이 차례로 자신의 에세이를 발표하는 장면을 떠올려보세요. 당신보다 먼저 발표한 학생은 모두 좋은 평가를 받았습니다. 그런데 당신이 에세이를 읽기 시작하자 교수님을 비롯해 강의실에 있는 사람들의 표정이 점점 굳어집니다. 그리고 당신은 C 학점을 받았습니다."

그 다음 각 피험자가 성장해 나가는 과정을 중시하는지, 최종적으로 좋은 성과를 얻는 것을 중시하는지 조사했다. 그리고 그것이 C 학점을 만회하고자 하는 의욕 및 이를 위한 계획 설계, 시간 확보 등의 노력과 어떤 상관관계가 있는지도 조사했다.

먼저 '성과'를 중시하는 사람은 의욕이 낮을 뿐 아니라, 실패를 만회하기 위한 노력도 하지 않는 경향을 보였다. 반면 '성장'을 중시하는 사람은 높은 의욕을 오래 유지하며 실패를 만회하기 위해 계획을 세우고 시간을 확보하는 것으로 나타났다. 즉, '성장'을 중시하는 것이 '의욕'을 지속시킨다는 것이다.

물론 '성과'나 '목표 달성'이 중요하지 않다는 뜻은 아니다. 일이 잘될 때는 '성과'를 중시하더라도 의욕을 유지할 수 있다. 하지만 '성과'만을 중시하면 난관에 부딪쳤을 때 의욕을 잃기 쉽다. '내가 할 수 있는 일에 최선을 다하면 그 결과로서 성과가 따라오고 목표를 달성할 수 있다'고 생각하는 편이 긍정적 마인드를 더 쉽게 형성할 수 있다.

목표를 향해 순항하고 있을 때는 '성장'을 중시하든 '성과'를 중시하든 별반 다를 바 없이 느껴지지만, 난관에 부딪쳤을 때 그것을 극복하는 마음가짐과 행동에는 지대한 영향을 미치는 것이다.

일이 잘 풀리지 않을 때, 실패를 경험했을 때야말로 '성장 사이클'을 열심히 돌려야 하며, 이를 위해서는 평소 '성장'을 중시하는 태도가 중요하다.

자연스럽게 긍정적 마인드를 형성하는 비결 그 아홉 번째는 "'성과보다는 '성장'을 중시한다"이다.

뇌 단련
POINT

[자연스럽게 긍정적 마인드를 형성하는 비결 ❾]
'성과'보다는 '성장'을 중시한다.

'부정적 감정'은
중요한 역할을 한다

지금까지 긍정적 마인드가 가져다주는 다양한 효과를 소개했다.

하지만 일상생활을 하다 보면 부정적 감정을 억제할 수 없는 경우도
있다.

한 가지 알아둬야 할 것은, 이 책에서 이야기하는 '행복하고 풍요로
운 삶'이란 슬픔, 괴로움, 아픔을 전혀 느끼지 않는 상태를 말하는 것이
아니라는 점이다.

긍정적 감정은 물론 부정적 감정에도 중요한 역할이 있다.

각 감정이 뇌에 미치는 영향을 살펴보자.

긍정적 감정

– 퍼포먼스가 좋아진다

– 스트레스가 낮아진다

– 행복감이 커진다

– 시야가 넓어진다

부정적 감정

– 시야가 좁아져 문제점을 쉽게 찾아낼 수 있다

– 혼란스러운 상태에 있음을 자각할 수 있다

– '이타심'이 작아지는 만큼 당면한 과제에 집중할 수 있다

– FF 상태에 돌입해 위험에 대처할 수 있다

미국 심리학자 프레드릭슨(Fredrickson, B.L.) 박사의 분석을 바탕으로 부정적 감정의 긍정적 효과를 조금 더 자세히 살펴보자.

① **부정적 감정은 시야를 좁혀 문제점을 쉽게 찾아내게 한다**

3장에서 언급한 FF 상태는 만성이 되면 뇌를 망가뜨리지만, 일시적으로는 위험을 회피하는 데 도움이 된다.

인생을 살다 보면 예기치 못한 위험에 맞닥뜨릴 때가 있다. 소중한 생명을 위협하는 다양한 위험을 회피하기 위해서는 부정적인 감정도 필요하다.

일본 사람들은 언제 지진이 발생할지 모른다는 불안을 안고 산다. 하지만 한편으로는 그런 불안 덕분에 피난훈련을 하고 비상식량을 비축하는 등 재난에 대비할 수 있다.

그리고 그것은 실제로 지진이 일어났을 때 큰 도움이 된다. 즉, 부정적인 감정은 생존에 중요한 역할을 한다.

② 부정적 감정은 경험을 충분히 활용하는 데 도움이 된다

신종 코로나 바이러스가 전 세계로 확산하자 인류는 불안과 공포에 휩싸였다. 평범한 일상생활이 불가능해지면서 불편함도 느꼈다. 하지만 그 덕분에 그동안 당연히 여겼던 일상이 얼마나 고마운 것이었는지, 나의 삶과 생명이 얼마나 많은 사람에게 의지하고 있었는지를 알게됐다. 이처럼 아무것도 아닌 일상에 감사하며 즐길 수 있게 된 것은 부정적 감정이나 생각을 거부하거나 무시하지 않고 고스란히 받아들였기 때문이다.

부정적인 것에서 아무것도 배우지 못하면 기쁨도 충분히 즐길 수 없다. 즉, 부정적 감정을 있는 그대로 받아들이면 경험을 충분히 활용할 수 있다.

③ 부정적 감정은 때로 유대를 강화한다

힘든 일이 닥쳤을 때 다른 누군가와 감정을 공유하며 그것을 극복하면 끈끈한 유대가 형성된다. '동고동락을 함께 한 동료'라는 표현을 쓰기도 하는데, 이는 서로 같은 부정적 감정을 느끼고 그것을 함께 극복함으로써 맺어진 관계를 말한다.

뇌 단련 POINT
부정적 감정도 긍정적 감정만큼이나 중요하다.
부정적 감정은 생명을 지키는 데 도움이 된다.

'긍정의 가면'이
가장 위험하다

프레드릭슨 박사는 "부정적 감정을 억누르고 마냥 긍정적인 사람인 듯 행동하는 것이 가장 위험하다"고 말했다.

호주 퀸즐랜드대학교 메이(May, J.) 박사 팀의 연구에서는 '부정적 감정을 억누르면 음주나 야식의 빈도가 증가하거나 수면장애를 겪는 등 부작용이 발생한다'는 사실을 밝혀냈다.

감정을 억제하는 것이 스트레스로 작용해 몸과 마음에 좋지 않은 영향을 준다는 것인데, 이는 매우 중요한 포인트다. 슬픔이나 괴로움과 같은 부정적인 감정이 들 때는 일단 그것을 있는 그대로 받아들이는 것이 좋다.

1장에서도 이야기했듯, 긍정적 마인드가 중요하다고 해서 부정적 감정을 억제하고 억지로 긍정적으로 행동하면 오히려 긍정적 마인드를 형성하기 어렵다.

그렇다면 부정적 감정이 들 때는 어떻게 해야 할까?

미국 스탠퍼드대학교 골딘(Goldin, P.R.) 박사 팀은 부정적 감정에 대처하기 위해 다음 세 가지 방법을 시도했다.

①감정이 시키는 대로 행동한다

②있는 그대로 받아들인다

③감정을 재음미한다

각 방법별로 부정적 감정이 얼마나 지속되는지 알아보기 위해 심박수, 발한 정도 등 피험자의 신체 변화를 측정했다.

그 결과 ①감정이 시키는 대로 행동하는 것에 비해 ②있는 그대로 받아들이는 편이 부정적 감정이 더 빨리 가라앉았다. 이때 피험자의 심박수와 땀 배출이 줄어들며 상대적으로 빠르게 상태가 안정되는 것이 관찰됐다. 가장 효과적으로 부정적 감정이 가라앉으며 불안을 느끼는 편도체의 반응이 잠잠해진 것은 ③'감정을 재음미한다'였다.

'감정의 재음미'란 '스스로 감정을 선택하는 것'이다. 일반적으로 감정은 외적 요인으로 인해 변화하므로 자신의 의지로 감정을 선택하는 것은 불가능하다고 생각한다. 좋은 일이 생기면 긍정적 감정을 느끼고,

나쁜 일이 생기면 부정적 감정을 느낄 수밖에 없다는 것이다. 하지만 반드시 그렇지만은 않다. '감정은 스스로 선택할 수 있다'고 믿는 사람은 그렇지 않은 사람과는 다른 방식으로 뇌를 사용했다.

설령 나쁜 일이 일어나더라도 거기에서 긍정적인 측면과 가능성을 찾아내 긍정적 감정을 일으키거나, 부정적 감정을 있는 그대로 받아들이는 것 중 하나를 선택하는 것이다.

긍정적 감정과 부정적 감정에는 각각 특성이 있으며 뇌에 특유의 영향을 준다는 점을 이용해, 감정을 선택함으로써 뇌에 자신이 원하는 변화를 일으킨다. 이것이 바로 '감정의 재음미'다.

인생을 살다 보면 반드시 슬프고 괴로운 일이 일어나기 마련이다.

부정적 감정에도 의미가 있다. 그 의미를 충분히 이해하고 부정적인 일에서도 긍정적인 면을 찾아내거나 부정적 감정을 긍정적 감정으로 전환하는 등, 부정적 감정도 잘만 활용하면 더욱 행복하고 풍요로운 삶을 살 수 있다.

자연스럽게 긍정적인 마인드를 형성하는 비결 그 열 번째는 '부정적 감정에도 의미가 있다' 그리고 '감정은 스스로 선택할 수 있다'이다.

뇌 단련
POINT

[자연스럽게 긍정적 마인드를 형성하는 비결 ❿]
부정적 감정에도 의미가 있다. 감정은 스스로 선택할 수 있다.

4
장

뇌섬엽을 단련하는
'좋은 인간관계'

2장과 3장에서는 '뇌 단련'의 방법으로서
'매사에 감사하기', '긍정적 마인드 지니기'를 소개했다.

두 방법 모두 혼자서 실천하더라도 뇌를 활성화하는 효과를
볼 수 있지만, 다른 사람과의 관계 속에서 실천하면
더 큰 효과를 얻을 수 있다.

이 장에서는 **'뇌과학의 관점에서도,
행복하고 풍요롭게 살기 위해서는
따뜻한 인간관계가 중요하다'**는 사실을 밝히고자 한다.

그리고 그 따뜻한 인간관계란 구체적으로 어떤 것인지,
그것을 얻으려면 어떻게 해야 할지,
우리에게 무엇을 가져다주는지에 관해 생각해보자.

성장환경이 아닌 '인간관계'가 인생을 결정한다

행복하고 풍요로운 삶을 사는 사람은 무엇이 다를까.

미국 하버드대학교 베일런트(Vaillant, G.E.) 박사 팀이 75년 넘게 이어 오고 있는 연구를 살펴보자.

베일런트 박사 팀은 75년 전, 당시 18세, 19세였던 피험자 724명을 대상으로 라이프스타일, 생활 패턴, 행복감의 유무 등을 묻는 설문조사를 실시했다. 그리고 2년마다 동일한 설문을 반복하는 추적조사를 실시했다. 피험자 중에는 하버드대학교 학생도 있고, 빈민가에서 태어나 자란 사람도 있었다.

참고로 세계 최고의 명문대학 중 하나로 알려진 하버드대학교의 학비는 연간 최소 약 5,000만 원, 기타 경비를 포함하면 연간 약 8,000만 원, 4년간 대략 3억 2,000만 원이 필요하다고 하니, 학비 걱정 없이 자녀를 하버드에 보내는 가정은 경제 사정이 좋다고 할 수 있다.

조사 대상에는 이처럼 유복한 가정에서 태어난 사람도 있었고 그렇지 않은 사람도 있었는데, 그들은 실로 각양각색의 인생을 살았다.

부유한 가정에서 나고 자라 줄곧 순탄한 인생을 보내는 사람도 있었지만, 타고난 부를 지키지 못하고 몰락하는 사람도 있었다. 한편 태어나서 죽을 때까지 빈민가를 떠나지 못하고 일생을 보내는 사람이 있는가 하면, 가난한 집안에서 태어났지만 차츰 두각을 나타내며 부를 거머쥐는 사람도 있었다. 물론 중산층 가정에서 태어나 평범한 인생을 보내는 사람도 있었다.

긴 세월에 걸쳐 연구를 진행하며 행복하고 풍요로운 삶을 사는 사람들의 공통점을 발견할 수 있었다. 그것은 '마음으로 이어진 따뜻한 인간관계'를 유지하는 것이었다. 성장 환경이나 지능지수, 학벌 따위는 아무 상관이 없었다. 오로지 '마음으로 이어진 따뜻한 인간관계'만이 이들의 유일한 공통점이라는 사실을 알게 된 것이다.

당신은 무엇을 기준으로 행복을 가늠하는가? 미국에 사는 평범한 사람들에게 "행복한 삶을 살기 위해서는 무엇이 필요한가?"를 물은 설문조사에 따르면, 70~80%가 '부자가 되는 것', 50%가량이 '유명해지는 것'이라고 답했다고 한다.

하지만 인간의 행복을 결정하는 진정한 요인은 '따뜻한 인간관계'라는 점을 기억해야 한다.

뇌 단련
POINT

'**따뜻한 인간관계**'만 있다면 어떤 환경에서도 행복해질 수 있다.

'고독'은
인간의 뇌에 독이다

인간관계는 뇌에 어떤 영향을 미칠까.

이와 관련해 '고독'과 '뇌'에 관한 연구 두 가지를 소개하고자 한다.

첫 번째는 고독은 사람의 뇌에 '독'으로 작용한다는 것이다. 중년을 고독하게 보내는 사람은 뇌 기능이 크게 저하되고 수명도 짧아진다고 한다. 반대로 '깊은 유대감을 느끼는 인간관계'를 가지고 있는 사람은 행복하고 건강하게 장수하며, '마음이 따뜻해지는 인간관계'를 가지고 있는 사람은 뇌 기능이 더디게 저하돼 80대에도 뛰어난 기억력을 유지하는 경향이 있다고 한다.

또 어린 시절 어머니와 따뜻한 관계를 맺은 사람의 평균 연간소득은

8만 7,000달러(약 1억 원)였으나, 그렇지 못한 사람의 평균 연간소득은 대체로 이보다 낮은 것으로 나타났다. 어머니와의 관계가 소득에도 영향을 미치는 것이다.

이런 사실을 알고 나면, '나는 어머니와의 관계가 좋지 않았기 때문에 행복해질 수 없다'고 생각하는 사람이 있을지도 모르겠다. 그러나 뇌는 평생에 걸쳐 성장할 수 있으므로 지금부터라도 '따뜻한 인간관계를 만드는 뇌 사용법'을 익힌다면 얼마든지 행복해질 수 있다.

현대에는 독거노인이나 맞벌이 부부의 자녀처럼 긴 시간을 홀로 보내는 사람이 적지 않다. 단 '혼자인 것'과 '외로운 것'은 동의어가 아니라는 점을 기억할 필요가 있다. 영어로는 혼자인 상태를 'alone', 외로운 상태를 'lonely(명사형은 loneliness)'라고 하는데, 이 연구 논문에서 사용된 단어는 'lonely'다.

즉, 혼자 지낸다 하더라도 마음이 통하는 누군가가 있다면 그것은 '고독'이라고 할 수 없다. 물리적으로 멀리 떨어져 있더라도 심리적으로 유대를 느낀다면 문제될 것이 없다. 뒤집어 말하면, 주위에 아무리 많은 사람이 있다 하더라도 심리적 연결고리가 없다면 그것은 '고독'이다. 이 논문에서도 "다른 사람과의 유대는 양보다 질이 중요하다"고 말하고 있다.

고독에 관한 또 하나의 연구를 살펴보자.

미국 시카고대학교 카시오포(Cacioppo, S.) 박사 팀의 연구에 따르면,

고독한 상태가 지속되면 새로운 뇌세포를 만들어내는 'BDNF(Brain-derived neurotrophic factor, 뇌 유래 신경영양인자)'를 비롯한 호르몬의 생산이 줄고 신경전달물질도 감소하는 것으로 밝혀졌다.

앞에서 이야기했듯 뇌는 평생 성장하는 힘이 있지만, BDNF가 줄어들면 그 힘도 약해질 수밖에 없다. 또 뇌세포가 손상을 입었을 때 BDNF가 충분하면 빠르게 회복되지만, 오랫동안 고독한 상태에 있는 사람은 BDNF가 감소해 회복 속도도 더디다고 한다. 그래도 여전히 희망적인 점은, 고독한 상태에서 벗어나 사회 활동을 시작하면 BDNF가 다시 증가한다는 사실이다.

고독을 오래 경험하면 수면의 질이 떨어진다는 사실도 밝혀졌다.

연구에 의하면 담배 한 개비를 피울 때마다 수명이 11분씩 짧아진다고 하는데, 고독은 날마다 2시간 45분씩 수명을 단축시킨다고 하니, 인간의 뇌에 치명적인 '독'이 아닐 수 없다.

뇌 단련 POINT : 함께 보내는 시간이 길지 않아도, 마음이 통하는 사람이 있으면 **뇌는 단련된다.**

단 한 명이라도
마음을 나눌 사람이 있으면 된다

사람은 단 한 명이라도 마음을 나눌 수 있는 상대가 있으면 "고독하지 않다"고 말할 수 있다.

그리고 그 '한 사람'은 혈연관계가 아니더라도 자신을 진심으로 생각해주는 사람이면 된다.

그 대표적인 예가 프로복싱 헤비급 세계 챔피언 마이크 타이슨(Mike Tyson)과 그의 트레이너였던 커스 다마토(Cus D'Amato)의 관계다. 청소년기 타이슨은 살인을 제외한 모든 범죄를 저질렀다고 해도 과언이 아닐 만큼 비행을 일삼는 문제아였다. 결국 그는 흉악한 범죄를 저지른 소년들이 보내지는 소년원으로 송치됐다. 그곳의 교화 프로그램에 복싱이 포함돼 있었는데, 타이슨의 재능을 알아본 코치가 전설적인 트레이너 다마토에게 그를 소개함으로써 역사적인 만남이 이루어졌다.

다마토는 소년 타이슨의 재능을 귀하게 여기며 아버지 이상으로 그를 아끼고 보살폈다. 덕분에 타이슨은 바른 길을 걸으며 마침내 세계 챔피언에 등극할 수 있었다. 다마토는 인간관계에 있어서 심리적 유대를 중시했고, 복싱에 임하는 자세를 가르칠 때도 정신상태를 강조했다고 한다.

라운드가 거듭될수록 선수는 몸도 마음도 극한으로 치닫게 되는데, 이때 승리를 좌우하는 것은 정신상태다. 극한의 상황에서도 다시 일어서는 강한 정신력을 갖추려면 평소 감사하는 마음을 지니는 것이 중요하다고 가르쳤다. 그러나 안타깝게도 다마토는 타이슨이 챔피언이 되는 모습을 보지 못하고 눈을 감았다. 다마토는 떠나고 없었지만, 타이슨에게 '가족'이나 다름없는 다마토 팀의 도움으로 그는 세계 챔피언 타이틀을 거머쥤다.

하지만 다마토의 빈자리는 생각보다 컸다. 오로지 돈을 목적으로 접근한 프로모터와 계약을 맺은 타이슨. 매사를 돈으로만 판단하는 프로모터 때문에 타이슨을 챔피언으로 만든 다마토 팀은 서서히 와해됐고, 아내마저 돈으로 매수되는 지경에 이르자 타이슨의 삶은 다시 황폐해졌다. 결국 시합에 나가도 승리를 기대하기 어려워진 타이슨은 "더는 복싱을 모욕하는 삶을 살고 싶지 않다"는 말을 남기고 선수생활에 종지부를 찍었다. 타이슨과 다마토의 일화는 마음과 마음으로 이어진 관계가 얼마나 중요한지를 우리에게 알려준다.

나는 타이슨에게 있어 다마토와 같은 '한 사람'이 없어서 오랫동안 고독했다. 그것은 나의 뇌에 매우 좋지 않은 영향을 미쳤음이 분명하다.

'말 걸기 프로젝트'의 상대가 3,000명에 달했을 무렵부터는 확실히 전에 비해 낯선 사람과도 어렵지 않게 대화할 수 있게 됐고, 연락하면 차나 식사를 같이 해줄 친구 내지 지인도 생겨났다. 하지만 진심으로 서로를 생각하며 마음을 나눌 수 있는 상대는 만나지 못했다.

비슷한 시기에 나는 처음으로 '자기계발 세미나'라는 것에 참석했다.

미국에서는 밤늦은 시간에 TV를 켜면 자기계발 세미나 광고가 끊임없이 흘러나온다. 그 영상을 멍하니 보고 있노라면, '저 세미나에 참가하면 사람들에게 더욱 인정받는 연구 성과를 낼 수 있지 않을까?' 하는 생각이 들곤 했다. 비싼 참가비 때문에 잠시 망설였지만, 나는 결국 참가 신청을 하고야 말았다.

실제로 세미나에 참가해보니 "인생이 달라질 것이다!", "재능을 꽃피울 수 있다!"는 광고 문구가 순 거짓은 아니었다. 하지만 그들이 설정한 최종 목표는 '부자가 되는 것'으로, 세미나의 바탕에는 '돈을 많이 버는 것이 행복한 인생으로 이어진다'는 가치관이 깔려 있었다. 참가자의 대다수 또한 '부자'가 되는 것이 목표인 듯 보였다.

　물론 그것이 나쁘다고는 할 수 없다. 나 역시 어느 정도의 생활수준을 유지하기 위해서는 적당한 돈이 필요하다고 생각한다. 그러나 개인적으로 분에 넘치는 호사에는 관심이 없어서 세미나의 취지를 알았을 때는 다소 실망했다.

　그래도 세미나의 내용(긍정적 마인드와 감사하는 마음의 중요성 등)은 뇌과학적 관점에서도 고개가 끄덕여지는 부분이 많았고, 또 '앞으로의 인생을 긍정적으로 살아가려면 어떻게든 아버지와의 관계를 개선해야겠다'고 생각하게 된 것 또한 하나의 수확이었다. 그리고 아내 클레어와의 만남 또한 이 세미나가 간접적인 계기가 됐다는 점에서 내 인생에 지대한 영향을 미친 것은 부인할 수 없다. 그렇게 단 한 번도 행복을 바란 적 없던 내가 행복을 향해 조금씩 전진하기 시작했다.

**뇌 단련
POINT**　　**인간관계에서 중요한 것은 '양'보다 '질'.
단 한 사람이라도 마음을 나눌 수 있는 사람이 있으면 뇌는 단련된다.**

어른도
'안전기지'가 필요하다

　다시 본론으로 돌아와, 어째서 따뜻한 인간관계가 중요한지 조금 더 살펴보자.

　심리학자이자 정신분석학자인 존 보울비(John Bowlby)는 1950년대에 '애착이론'을 제창했다. 이는 아이가 정상적으로 사회적·정신적 발달을 이루려면 적어도 한 명의 양육자와 친밀한 관계를 맺을 필요가 있으며, 그렇지 않은 아이는 사회적·심리학적으로 문제를 안게 된다는 것이다.

　그 후 발달심리학자인 매리 애인스워스(Mary Ainsworth)는 애착이론의 기본 개념을 확립하고, "아이는 부모와의 신뢰관계를 바탕으로 심리적 '안전기지(secure base)'를 구축한다"는 개념을 제시했다.

어린아이가 엄마와 함께 공원에 나가면 아장아장 걸어가 미끄럼틀을 기웃거리거나 모래밭에서 흙장난을 한다. 그러다 무서운 개를 발견하거나 다른 아이에게 괴롭힘을 당하면 곧장 엄마에게 달려온다. 그리고 엄마가 괜찮다며 다독이면 아이는 다시 용기를 내 작은 모험을 떠난다.

이때 어머니는 아이의 '심리적 안전기지'라고 할 수 있다. 언제든 돌아갈 수 있는 '안전기지'가 있다는 안도감 덕분에 아이는 넓은 세상을 마음껏 탐험할 수 있다.

탐험을 마치고 '안전기지'로 돌아가 에너지를 충전한 후 다시 탐험을 떠나기를 반복하며 아이는 성장해 나간다.

1980년대에는 이 '안전기지'가 어른에게도 필요하다는 사실이 밝혀졌다.

위의 예에서는 어머니, 즉 어른이 '안전기지', 아이가 '모험자'로 역할이 고정돼 있지만, 어른의 경우는 '안전기지'와 '모험자'의 역할이 상황에 따라 바뀐다.

가령 남편이 회사에서 돌아와 아내의 위안을 받는 경우에는 남편이 '모험자', 아내가 '안전기지'가 된다. 반대로 사회생활에 지친 아내가 집으로 돌아와 남편에게 위로를 받는다면 아내가 '모험자', 남편이 '안전기지'가 되는 것이다.

'심리적 안전기지'의 유무가 그 사람의 건강에 영향을 준다는 연구 결과도 있다.

독일환경보건연구소 역학연구소 퀴노네스(Quinones, P. A.) 박사 팀은 심장병 환자 3,766명의 협조를 얻어 추적조사를 실시했다. 이 중 기혼자는 2,854명이었다.

5년간 조사대상자의 14%가 사망했는데, 기혼자의 사망률은 13.6%, 독신자의 사망률은 15.9%로 배우자가 없는 사람의 사망률이 상대적으로 높게 나타났다.

배우자와 함께 사는 사람은 비슷한 정도의 심장병을 앓고 있어도 발작 빈도가 낮고 수명도 더 길었다.

스위스 취리히대학교의 디첸(Ditzen, B.) 박사 팀은 51쌍의 커플을 대상으로 그들의 친밀도와 스트레스 호르몬의 상관관계를 조사했다.

그 결과 파트너와의 친밀도가 높을수록 스트레스 호르몬의 농도가 낮고, 친밀도가 낮을수록 스트레스 호르몬의 농도가 높은 것으로 나타났다.

앞에서도 이야기했듯, 스트레스 호르몬의 농도가 만성적으로 높게 유지되면 뇌가 망가진다.

이들 연구를 통해, 사는 동안 건강을 유지하는 데에도 따뜻한 인간 관계가 중요하다는 것을 알 수 있다. 이처럼 따뜻한 인간관계는 몸과 마음 모두에 영향을 미친다.

뇌 단련
POINT
어른에게도 안도감을 느끼고 에너지를 충전할 수 있는 '안전기지'가 필요하다.
'안전기지'의 유무는 신체 건강에도 영향을 미친다.

뇌섬엽을 단련해야
살아남는다

뇌과학에 관한 연구뿐만 아니라, 인류의 진화 과정 또한 좋은 인간관계의 중요성을 일깨워준다.

'호모 사피엔스(Homo sapiens)'가 현생 인류가 되기까지 지구에는 대략 20종의 인류가 존재했다. 그러나 그들은 모두 멸종하고 호모 사피엔스만이 살아남았다. 호모 사피엔스의 지능이 더 높았기 때문이라는 것이 그간의 학계 정설이었다.

그런데 지난 10~15년 사이에 심도 있는 연구가 진행되면서 '두뇌의 우수성'으로는 호모 사피엔스가 살아남은 이유를 설명할 수 없다는 사실을 알게 됐다.

특히 주목되는 것은 네안데르탈인(Homo neanderthalensis)으로, 그들의 두개골이 호모 사피엔스보다 10% 이상 크다는 점에서 호모 사피엔스와 동등하거나 더 나은 지능을 가졌을 것으로 여겨지고 있다.

실제로 네안데르탈인의 두개골 화석을 살펴보면 언어를 사용했을 것으로 추정되며, 화석이 발굴된 유적에서 석기와 장식품 등이 발견된 것으로 보아 그들도 호모 사피엔스와 마찬가지로 높은 수준의 기술을 가지고 있었던 것으로 생각된다. 더욱이 네안데르탈인은 호모 사피엔스보다 체격도 건장하고 힘도 세다. 만약 지금 네안데르탈인과 호모 사피엔스가 1:1로 맞붙는다면 네안데르탈인의 압승으로 끝날 것이라는 추측도 나온다.

그러나 네안데르탈인은 멸종하고 호모 사피엔스는 살아남았으며, 이는 인류 최대의 불가사의로 여겨졌다. 그런데 최근 스페인, 크로아티아 등에서 발견된 네안데르탈인의 유골 및 유적을 바탕으로 이루어진 연구에서 네안데르탈인은 가족 단위의 작은 사회를 이루고 살았다는 사실이 밝혀졌다. 그들은 지능도 높고 체격도 좋았기 때문에 생존을 위해 큰 집단을 이룰 필요성을 느끼지 못했던 듯하다.

한편, 호모 사피엔스는 체격도 왜소하고 지능이 압도적으로 뛰어난 것도 아니어서 살아남으려면 큰 무리를 이루어 서로 힘을 합쳐야 했다. 결과적으로 타인과 더불어 살아가는 '사회성'을 기른 것이 종족 보존으로 이어진 것이다.

'사회성'을 구축하는 데 깊이 관여하는 것이 바로 '뇌섬엽'이다. 즉, 현생 인류는 '뇌섬엽'을 단련하는 방향으로 뇌를 사용해왔기 때문에 살아남을 수 있었던 것이다. 이처럼 '좋은 인간관계'를 구축하는 것은 생존을 좌우할 만큼 중요하다.

뇌 단련
POINT

현생 인류가 '뇌섬엽'을 단련해 생존할 수 있었다는 점에서, 뇌섬엽 단련으로 이어지는 '좋은 인간관계'의 구축이 중요하다.

사람에게 다정하면
행복 호르몬이 분비된다

행복하고 풍요로운 삶을 사는 사람들의 유일한 공통요소는 심리적 유대를 느낄 수 있는 인간관계라고 했다. 그렇다면 마음으로 이어진 따뜻한 인간관계가 행복을 가져다주는 이유는 무엇일까?

그중 하나는 마음을 나눌 수 있는 사람이 곁에 있으면 뇌가 스트레스를 덜 받기 때문이다.

미국 캘리포니아대학교 로스앤젤레스캠퍼스의 쿰즈(Coombs, R.H.) 박사 팀은 의과대학 재학생을 기혼자와 미혼자로 구분해 각각의 스트레스 정도를 조사했다. 이 중 기혼자에 대해서는 결혼생활의 만족도도 조사했다. 조사대상자의 학업 내용과 양은 동일했다.

그 결과 미혼 학생은 만족스러운 결혼생활을 하고 있는 학생에 비해 학습량 대비 20% 더 많은 스트레스를 느끼고 있는 것으로 나타났다. 이보다 더 큰 스트레스를 느끼는 것은 결혼생활에 만족하지 못하는 기혼 학생이었는데, 그 이유는 굳이 설명하지 않아도 충분히 짐작할 수 있을 것이다.

한편 중국 교육부 산하 국가중점실험실 리(Li, H.) 박사 팀은 304명의 피험자를 대상으로 '뇌섬엽의 크기'와 '스트레스를 자각하는 정도' 사이에 어떤 관계가 있는지 조사했다. 그 결과 뇌섬엽이 작을수록 더 쉽게 스트레스를 느끼는 것으로 나타났다.

이미 설명했듯, 뇌섬엽은 타인의 마음을 이해하고 공감할 때 관여하는 부위다. 즉, 뇌섬엽이 작다는 것은 타인과 심리적 유대를 맺기 어려울 가능성이 크다는 것을 시사한다.

거꾸로 생각하면 다른 누군가와 심리적 유대를 맺으면 아무리 어려운 일도 긍정적인 마음으로 함께 이겨낼 수 있다는 뜻이다. 고난을 도전으로 받아들일지, 스트레스로 받아들일지는 마음을 나눌 수 있는 누군가가 있느냐 없느냐에 달려 있다.

이처럼 스트레스가 건강과 뇌에 미치는 악영향을 생각하면 마음으로 이어진 인간관계가 어째서 중요한지 이해할 수 있을 것이다.

두 번째 이유는 심리적 유대가 애정호르몬 또는 행복호르몬으로 불리는 '옥시토신'의 분비를 촉진하기 때문이다. 옥시토신은 임신과 수유 등 육아에 중요한 역할을 하고 항스트레스 작용을 하며, 지극한 행복감을 느끼게 하는 등 여러 기능을 하는 것으로 알려져 있다.

미국 국립 PTSD연구센터의 시펠(Sippel, L.M.) 박사 팀은 옥시토신의 항스트레스 작용이 스트레스로부터 뇌세포를 보호한다는 연구 결과를 발표했다.

옥시토신은 대인관계에도 큰 영향을 미친다. 중국 전자과학기술대학교의 자오(Zhao, W.) 박사 팀은 35명의 피험자를 대상으로 실시한 연구에서 옥시토신의 또 다른 능력을 찾아냈다.

그것은 옥시토신이 전전두엽의 활성도에 관여해 자신과 타자를 '동지(同志)'로 이해하게 하는 효과를 발휘한다는 것이다. 또 피아(彼我)의 구별을 흐리게 해 타인의 일에도 마치 자기 일처럼 반응하게 한다. 나아가 '잘 되면 내 탓, 안 되면 남 탓'이라는 사고방식을 버리고 타인을 돕는 방향으로 뇌를 사용하게 한다는 사실도 알게 됐다.

즉, 옥시토신이 많이 나오면 다른 사람이 어려움을 겪을 때 돕고자 하는 마음이 강해져 관계를 구축하는 데 도움이 된다.

공교롭게도 옥시토신은 다른 사람과 심리적 유대를 맺을 때 많이 분비된다. '닭과 달걀'의 관계처럼, 심리적 유대가 형성되면 옥시토신이 분비되고, 옥시토신이 분비되면 유대가 더욱 깊어지는 선순환을 일으키는 것이다.

이는 결과적으로 스트레스에 강한 뇌를 만드는 것으로 이어진다.

뇌 단련
POINT
: 마음으로 이어진 인간관계는 스트레스를 줄이고 옥시토신의 분비를 늘린다.

천재 지성을 능가하는
'집단지성'

마음으로 이어진 인간관계는 유사시에 엄청난 저력을 발휘한다.

공통의 목표가 생기면 그것을 달성하기 위해 힘을 합치고, 어려움이나 문제가 생기면 그것을 극복하기 위해 힘을 합친다. 가령 다섯 명으로 이루어진 조직에서 한 사람의 힘을 '1'이라고 할 때, 보통은 '1+1+1+1+1=5'의 힘밖에 발휘하지 못하지만, 심리적 유대가 형성된 조직의 힘은 '10'이 될 수도, '100'이 될 수도 있다.

이 같은 엄청난 저력을 '집단지성'이라고 한다. 혼자서는 절대 불가능한, 천재적 지성보다 더 뛰어난 능력을 발휘한다.

이를 과학적으로 증명한 것이 미국 카네기멜론대학교 울리(Woolley,

A.W.) 박사 팀의 연구다. 연구팀은 먼저 피험자 120명 전원을 대상으로 뇌 기능 테스트를 실시한 후, 3명 단위로 팀을 구성해 팀별 퍼포먼스를 측정했다.

그 결과 '천재 수준의 뇌 기능을 지닌 사람이 포함된 팀', '구성원의 뇌 기능이 평균적으로 높은 팀', '구성원의 뇌 기능이 평균적으로 보통인 팀'의 순으로 높은 퍼포먼스를 보였다.

그런데 모든 구성원이 천재가 아닐까 하는 생각이 들 정도로 다른 팀을 월등히 능가하는 퍼포먼스를 보인 팀이 있었다. 천재적인 멤버가 포함되지도 않았고, 구성원의 평균 뇌 기능이 딱히 높은 것도 아니었는데 말이다. 그렇다면 월등히 뛰어난 퍼포먼스의 비결은 무엇이었을까? 그것은 '구성원 간에 서로를 이해하는 능력'이었다.

또 이 실험에서는 여성이 포함된 팀의 집단지성이 상대적으로 높게 나타났는데, 이는 타인의 마음을 헤아리는 능력이 남성보다 여성이 뛰어나기 때문으로 생각된다. 포인트는 '여성 멤버가 많은 것'이 아니라 '여성 멤버가 포함돼 있는 것'이다. 여성으로만 이루어진 팀은 오히려 성적이 낮았다. 이는 서로 다른 방식으로 뇌를 사용하는 구성원이 각각의 특성을 발휘해 시너지 효과를 낳는 집단지성의 특성상, 다양성의 결핍이 불리하게 작용한 결과로 생각된다.

또 구성원 중에 다른 사람의 말은 듣지 않고 자기 말만 하는 사람이 있으면 집단지성을 발휘하지 못한다는 사실도 알게 됐다. 자기 주장만 내세우는 사람은 상대방을 이해하려는 의식이 희박하기 때문이다.

과거에는 팀의 퍼포먼스는 구성원 개개인의 능력에 크게 의존하는 것으로 여겨졌다. 그러나 이 연구를 통해 집단지성은 그 집합을 구성하는 개인의 지성과는 어떤 의미에서는 무관하다는 사실이 밝혀졌다.

이는 곧 구성원이 서로를 깊이 이해하고 마음으로 이어진 관계를 형성할 때 그 관계성이 구성원 개개인의 능력을 최대치로 끌어내며 새로운 능력을 발휘하게 한다는 뜻으로 해석할 수 있다.

'집단지성'을 발휘하기 위해서는 다음의 세 가지 요소가 필요하다.

> ① 서로의 마음과 생각을 있는 그대로 받아들이고 상대의 입장에서 생각한다.
> ② 대등한 위치에서 발언하며 솔직한 의견을 나눈다.
> ③ 구성원이 공감하는 공통의 목적을 달성하기 위해 단결한다.

이 세 가지 요소를 충족하는 관계야말로 '마음으로 이어진 관계'라고 할 수 있다. 앞서 살펴본 하버드대학교의 연구, '마음으로 이어진 따뜻한 인간관계'는 어떻게 '행복하고 풍요로운 삶'으로 이어지는가에 대한 답이 바로 '집단지성'이다.

당신이 어떤 커뮤니티에 소속되든 집단지성을 발휘할 수 있는 인간관계를 구축한다면, 주위 사람과 마음으로 이어진 돈독한 유대를 맺고 자신답게 삶의 보람을 느끼며 함께 어려움을 극복하며 꿈을 실현해 나간다면, 행복하고 풍요로운 삶이 눈앞에 펼쳐질 것이다.

뇌 단련
POINT
: 주위 사람과 마음으로 이어진 관계를 맺음으로써 '집단지성'을 발휘하자.

마음을 하나로 모으는 '공동체 사고', 이기심을 키우는 '피아분리 사고'

　인간관계를 형성할 때 중요하게 작용하는 것이 '뇌를 사용하는 방식'이다.

　여기에는 의식적인 뇌 사용뿐만 아니라 무의식적인 뇌 사용도 포함된다. 상대를 어떻게 바라보는가, 그리고 상대와의 관계를 어떻게 이해하는가에 따라 그 관계성은 크게 달라진다. 그렇다면 뇌를 어떻게 사용해야 마음으로 이어진 관계를 맺을 수 있을까?

　여러 논문과 연구 결과를 토대로 내가 도달한 결론은 '공동체 사고'다. 이는 내가 붙인 이름인데, 한마디로 하면 상대를 '동료, 동지, 공동체의 일원'으로 받아들이는 것이다. 상하관계, 경쟁관계, 적대관계가 아닌, 횡적 관계에 있는 '동료, 동지'로 바라보는 것이다.

'공동체 사고'는 상대와 함께 공통의 목표를 달성하기 위해 협력하며 상대의 강점, 장점, 가능성과 미래의 지향점(이상, 목표)에 주목하게 된다는 특징이 있다.

이 같은 '공동체 사고'와 반대되는 뇌 사용법이 '피아분리 사고'다. 이 것도 내가 붙인 이름인데 '피아분리 사고'는 상대와 자신을 철저히 분리해서 생각하기 때문에 서로 대립하기 쉽다. "내가 옳고 상대는 틀렸다"는 의식이 강해져 상대의 약점, 단점과 지나간 일에 주목하게 된다는 특징이 있다.

마음을 하나로 모을 수 있는 관계는 '공동체 사고'를 통해 구축할 수 있다. 모든 구성원이 '공동체 사고'를 하면 집단지성이 발휘된다. 그러려면 먼저 자신부터 '공동체 사고'를 해야 한다. 그러면 거기에 공감하는 사람이 하나둘 늘어나기 시작할 것이다.

물론 '피아분리 사고'의 성향이 강해서 '공동체 사고'에 적응하기 어려워하는 사람도 있을 수 있다. 하지만 '공동체 사고'가 확대돼 작은 단위에서도 집단지성을 발휘하기 시작하는 모습을 보면, '공동체 사고'에 적응하지 못했던 사람들도 차츰 달라질 것이다. 이것이 '공동체 사고'가 집단에 침투해 집단지성을 발휘할 때의 특징이다. 그래서 회사의 모든 직원이 '공동체 사고'를 하게 되면 엄청난 힘을 발휘해 눈부신 성과를 내는 일이 벌어지는 것이다.

마음을 하나로 모으는 관계를 형성하는 것은 '개인의 행복'으로도 이어진다. 회사의 모든 직원이 '공동체 사고'를 하면 마음으로 이어진 관계가 형성돼 행복하게 일하게 됨으로써 실적이 상승하는 선순환이 생겨난다.

경영자와 직원이 서로 깊이 이해하고 한마음으로 일하는 기업에서는 상대의 노고와 어려움을 이해하기에 상대를 비난하는 일도 사라진다. 실적 상승은 돌고 돌아 승진으로도 이어진다. 그뿐 아니라, 불황이 찾아와도 어떻게든 직원을 해고하지 않으려는 노력을 기울일 것이므로 모든 구성원에게 정신적, 물질적으로 선순환이 일어난다.

뇌 단련
POINT
: 상대를 '동료, 동지, 공동체의 일원'으로 받아들이는 방식으로 뇌를 사용하면 마음을 하나로 모으는 관계가 형성되며, 그것은 개인의 행복으로 이어진다.

성장 사이클을
반복하라

부하직원의 업무 성과나 자녀의 학업 성적 등을 평가할 때 우리는 '결과'에 주목하는 경향이 있다.

이는 좋은 결과를 원하는 마음이 그만큼 크기 때문이다. 부하직원이 맡은 일에서 성과를 내줬으면, 아이가 학업의 성과를 보여줬으면 하고 바라는 것은 지극히 자연스러운 일이다.

그런데 그토록 바라는 '성과'를 얻으려면 '성장'에 주목해야 한다. '성장에 주목하면 실패를 받아들이는 마음가짐이 달라지기 때문이다.
'실패는 성공의 어머니'라는 말이 있듯 좌절하지 않고, 실패를 반면 교사 삼아 긍정적인 변화를 꾀하게 된다. 이는 사람이 성장하고 성과를 내는 과정에서 매우 중요하게 작용한다.

사람의 뇌는 일직선 그래프를 그리며 성장하지 않는다. 실패를 포함한 다양한 체험을 하고, 그것을 되돌아보고 행동으로 옮겨 나간다. 즉, '체험 → 돌아보기 → 다음 행동'을 반복하면 사람은 성장할 수 있다. 이를 '성장 사이클'이라고 부른다.

예를 들어 열심히 공부해서 시험에서 좋은 점수를 받으면(체험) '성장 사이클'을 쉽게 돌릴 수 있다. '시험에서 좋은 점수를 받은 것은 열심히 공부했기 때문이다(되돌아보기). 앞으로도 열심히 공부하자(다음 행동)' 하고 생각하게 되는 것이다.

물론 언제나 좋은 결과를 얻으리라는 보장은 없다. 최선을 다해도 뜻대로 되지 않을 때도 있다. 실패가 거듭되면 다음 행동을 일으킬 원동력이 떨어져 '성장 사이클'을 돌리기가 어려워진다.

하지만 성장하기 위해서는 '성장 사이클'을 제대로 돌리는 것이 중요하며, 그 열쇠는 '실패'를 어떻게 받아들이는가에 있다.

뇌 단련 POINT : 실패 안에 반드시 숨어 있는 '성장의 열쇠'에 주목한다. 그것이 당신을 성장하게 할 것이다.

'현재진행형 시점'으로 성장에 주목하라

　성장하기 위해서는 '성장 사이클'을 돌리는 것이 중요하다고 이야기했다.

　이때 도움이 되는 것이 '공동체 사고'를 통해 '성장'에 주목하는 것이다. 여기서 '성장에 주목한다'는 것은 '현재진행형 시점'으로 성장하고 있는 점을 찾아내는 것을 말한다. 만약 '공동체 사고'에 익숙하지 않으면 '과거완료형 시점'으로 성장을 바라보게 된다.

　가령 거래처와 여러 번 교섭했지만 결국 계약을 성사하지 못한 부하 직원을 보며, "전에는 약속조차 잡기 어려웠는데, 이번에는 두 번이나 만나줬다", "거래처와 접촉하는 수완이 좋아졌다"며 위안을 삼는 것은 '과거완료형 시점'으로 성장을 바라보는 것이다. 물론 '성장에 주목한 다'는 점에서는 과거완료형 시점에도 의미가 있다.

하지만 '현재진행형 시점'으로 성장에 주목하는 것은 그 의미가 조금 다르다.

부하직원이 영업처에서 돌아왔을 때 눈에 보이는 성과가 없다 하더라도, '성장하고 있는 점'을 찾아내 감사와 격려의 말을 건네면 부하직원은 긍정적인 마음으로 더욱 의욕적으로 업무에 임할 수 있을 것이다.

그렇게 매일 성장에 주목하기를 반복함으로써 성과를 향해 함께 성장해 나가는 것이 '현재진행형 시점'으로 성장에 주목하는 것이다.

이처럼 '현재진행형 시점'으로 성장하고 있는 점을 찾아내 격려하면 다음 행동을 취하기 위한 의욕을 높게 유지할 수 있다. 어떤 상황에서도 긍정적인 마인드를 유지하며 끊임없이 성장 사이클을 돌린다면 결국은 원하는 성과를 얻을 수 있다.

이때 '다음 행동'이란 '다음 달의 행동', '다음 주의 행동'이 아니라, '다음 순간의 행동', 적어도 '내일의 행동'을 말한다.

그야말로 '현재진행형'이므로 '현재로서는 (아직) 성과가 나오지 않았을 뿐', '실패'한 것은 아니다.

여기에서는 부하직원이라는 '타인'의 성장을 예로 들었지만, 이는 자기 자신에게도 똑같이 적용된다.

자신의 성장도 '현재진행형 시점'으로 바라보자. 그러면 '실패'를 '실패'로 결론짓는 대신, 경험을 돌아보고 다음 행동을 취하는 '성장 사이클'을 돌릴 수 있다.

발명왕 토머스 에디슨은 발명품의 종류만큼이나 수많은 실패를 한 것으로도 유명하다. 전구를 발명할 때도 무려 1만 6,000번의 실패를 경험했다고 한다.

그때도 에디슨은 이렇게 말했다.

"실패했다고 해서 의기소침해서는 안 된다. 실패란 없다. 시행착오를 통해 배우고 도전할 뿐이다."

"나는 실패한 적이 없다. 1만 번에 걸쳐 전구에 부적합한 재료를 걸러낸 것이다."

에디슨이 이렇게 말할 수 있었던 것은, 어떤 결과가 나오든 그것을 '성장의 증거'로 받아들였기 때문이다. 지난 일을 돌아보며 "결국 실패하고 말았지만, 그래도 성공에 한 발 다가섰으니 됐다"는 식의 자기 위안이 아니다.

"전구에 적합한 소재는 반드시 존재한다. 아직 그것을 찾아내지 못했을 뿐이다. 부적합한 소재를 찾아낸 것이 다른 가능성이 있음을 말해준다. 그래서 다음 도전이 기대된다."

이처럼 '현재진행형 시점'으로 성장에 주목했기에 에디슨은 포기하지 않고 도전을 이어나갈 수 있었다.

뇌 단련
POINT : **'현재진행형 시점'**으로 성장에 주목하자.

공동체 사고를 하면
실패의 뇌파가 다르다

'성과'보다 '성장'에 주목하는 사람은 기본적으로 '공동체 사고'를 바탕으로 뇌를 사용하며, '인간의 능력은 계속 성장할 수 있다'고 믿는다.

반대로 '피아분리 사고'를 하는 사람은 단점과 약점을 주로 찾아내는 경향이 있어 성장에 주목하기 어렵다. 그래서 '인간의 능력은 그리 쉽게 성장할 수 없다'고 생각하게 된다.

실제로 '공동체 사고'를 하는 사람과 '피아분리 사고'를 하는 사람은 실패를 경험했을 때의 뇌파에 차이가 있다는 연구 결과도 있다.

미국 미시간주립대학교 슈로더(Schroder, H.S.) 박사 팀은 '인간의 능력은 계속 성장할 수 있다'고 믿는 사람과 '인간의 능력은 태어날 때부터 정해져 있다'고 믿는 사람이 각각 실패를 경험했을 때의 뇌파를 측정했다. 그 결과, '공동체 사고'를 하는 사람은 실패했을 때 ERN(Event-Related Negativity)이라는 뇌파가 강해진다는 사실을 알게 됐다. 이 뇌파는 무언가를 배우고자 하는 마음이 클 때 강해지는 것으로 알려져 있다.

즉, '공동체 사고'를 하는 사람은 '실패'를 '실패'로 받아들이지 않고, 에디슨이 전구를 발명할 때처럼 '성장을 위한 발판'으로 삼는다는 것이 뇌과학적으로 밝혀진 것이다.

또 하나의 연구 결과를 살펴보자. 미국 컬럼비아대학교 맹겔스(Mangels, J.A.) 박사 팀은 535명의 피험자를 대상으로 설문을 통해 '공동체 사고'의 경향을 지녔는지 '피아분리 사고'의 경향을 지녔는지 조사했다. 그 다음 피험자 전원에게 동일한 테스트를 치르게 하고 결과를 피드백한 후, 다시 한번 테스트를 치르게 했다.

그 결과 '공동체 사고'의 경향을 지닌 사람은 약 10%의 개선율을 보이며 높은 성장 가능성을 나타냈다. 반면 '피아분리 사고'의 경향을 지닌 사람은 피드백을 받아도 테스트 결과가 크게 달라지지 않았다.

'피아분리 사고'를 하는 사람은 실패를 어떻게 받아들이기에 이런 결과가 나오는 걸까? '피아분리 사고'를 하는 사람은 타인은 물론 자기 자신에 대해서도 단점과 약점을 주로 찾아내기 때문에 자신이 성장하고 있음을 잘 느끼지 못한다.

그래서 실패를 경험하거나 다른 사람으로부터 비판을 받으면 자신감을 상실하고 자신의 능력을 의심하며 부정적인 생각에 빠져 새로운 도전을 포기하게 된다. 즉, '성장 사이클'을 제대로 돌리지 못하게 되는 것이다. 그렇게 '실패'의 굴레에 갇혀버리면 '내가 실패한 것은 선생님이 잘못 가르쳐줬기 때문이다'라는 식으로 타인에게 책임을 전가하기도 한다.

이처럼 다른 사람을 탓함으로써 자신을 보호하려는 성향 또한 '피아 분리 사고'의 특징 중 하나다.

뇌 단련
POINT

'노력하면 얼마든지 성장할 수 있다'고 믿는 '공동체 사고'를 지니면 자신과 타인의 성장에 주목하게 된다.

어째서 '칭찬하기'보다
'함께 기뻐하는 것'이 더 좋을까?

　'공동체 사고'를 하는 사람은 상대가 '성장 사이클'을 잘 돌릴 수 있도록 긍정적인 관계를 맺는다.

　예를 들어 부하직원이 종일 열 곳의 고객처를 방문하고 돌아왔다고 가정해보자. 하지만 안타깝게도 거래는 한 건도 성사시키지 못했다. 이때 '공동체 사고'를 하는 사람은 부하직원의 노력에 주목하며 "오늘 여기저기 돌아다니느라 힘들었지요? 고객처를 다니면서 느낀 점이 있었나요?" 하고 스스로 성장을 자각할 수 있도록 돕는다.

　반면 '피아분리 사고'를 하는 사람은 '성과'에만 주목하기 때문에 "노력이 부족한 거 아니야? 칭찬하고 싶어도 칭찬할 수가 없군"이라며 냉정한 태도를 보인다.

그렇다면 부하직원이 계약을 따낸 경우에는 어떻게 반응할까?

'피아분리 사고'를 하는 사람은 좋은 성과를 낸 상대를 칭찬한다. 누군가를 칭찬하는 것이 문제될 것은 없어 보인다. 그런데 잘 생각해보면 칭찬은 '종적 관계'에서 성립한다. 상사가 부하를 칭찬하는 일은 있어도, 부하가 상사를 칭찬하는 일은 극히 드물다.

'공동체 사고'를 하는 사람은 상대를 칭찬하지 않는다. 상대와 '동료, 동지, 공동체의 일원', 즉 '횡적 관계'에 있다고 생각하기 때문이다. '공동체 사고'를 하는 사람은 상대를 칭찬하는 대신 함께 기뻐하고 응원한다. 부하직원이 좋은 성과를 내면 함께 기뻐하고, 현재로서는 이렇다 할 성과가 없다 하더라도, 스스로 성장하고 있음을 알아차릴 수 있도록 응원하며 사기를 북돋아준다.

뇌 단련
POINT
: 성장하고 있는 모습, 성장하고자 하는 노력을 응원하며, 상대를
칭찬하기보다는 함께 기뻐한다.

주위에 사람이 있으면
집중력이 높아진다

'공동체 사고'를 하는 사람은 '상대의 존재'를 어떻게 받아들일까?

'공동체 사고'를 하는 사람은 '상대의 존재' 그 자체에 감사하며 함께 있을 수 있음을 기뻐한다. 반면 '피아분리 사고'를 하는 사람은 가시적인 성과를 내지 못하는 사람은 존재할 의미가 없다고 생각한다.

'설마 그렇게까지야……'라고 생각할지 모르지만, 현대사회에는 이같은 사고방식이 생각보다 널리 퍼져 있다. 특히 경제논리를 우선시하는 기업에서는 생산성이 없는 사람의 가치를 인정하지 않는 경향이 강하다.

하지만 인간은 그 존재만으로도 다른 사람에게 힘이 된다는 사실이 과학적으로 밝혀졌다. 이를 '존재효과' 또는 '관중효과'라고 부른다.

1960년대 미국 인디애나대학교 트리플렛(Triplett, N.) 박사 팀은 경륜 선수의 효과적인 훈련방법에 관해 연구했다. 연구팀은 자전거에 타이머를 부착한 후 선수 혼자 달릴 때와 라이벌 선수와 함께 달릴 때의 기록을 각각 측정했다.

그 결과 혼자 달릴 때보다 라이벌 선수와 함께 달렸을 때 1마일(약 1.6㎞)당 5초 이상 속도가 빨라졌다. 페이스메이커와도 함께 달릴 때도 라이벌 선수와 함께 달릴 때와 같은 효과가 있었으며, 페이스메이커의 인원이 많을수록 기록은 더 향상됐다.

어째서 이런 결과가 나왔을까? 연구팀은 그 심리에 관한 가설을 세우고 검증하기 시작했다. 첫 번째 가설은 '곁에 누군가가 있으면 제대로 하는 모습을 보여야 한다는 심리가 작용하기 때문'이라는 것이었다. 만약 그렇다면 스트레스 호르몬의 분비가 증가해야 하지만, 호르몬 증가는 보이지 않았다.

다음 가설은 '경쟁 상대가 있으면 투쟁심이 발동하기 때문'이라는 것이었다. 이 경우 투쟁심을 관장하는 뇌 부위가 활성화돼야 하지만, 해당 부위의 활성화는 관찰되지 않았다. 그런데 뜻밖에도 '사회성'을 관장하는 뇌 부위가 활성화되는 것이 관찰됐다. 즉, '사람은 그저 곁에 누군가가 있다는 것만으로도 위로가 되고 힘이 난다'는 사실이 밝혀진 것이다.

이 같은 현상은 주변에서도 쉽게 찾아볼 수 있다. 뛰어난 말솜씨로 사람들을 웃기고 울리는 만담가들은 "혼자 연습할 때는 어쩐지 흥이 나지 않는데, 눈앞에 사람이 있으면 (그 사람이 만담을 들어주지 않아도) 흥이 난다"고 말한다. 이것이 바로 '관중효과'다.

나도 세미나 리허설을 할 때 지켜보는 사람이 아무도 없을 때보다는 한 사람이라도 그 자리에 있을 때 더 열심히 하게 된다. 방 안에 덩그러니 홀로 있을 때보다 사람들이 오가는 카페 테이블에 앉아 있을 때 집중이 더 잘 되는 것 또한 '관중효과'라고 할 수 있다.

이처럼 자신과 아무 상관이 없는 사람이라 하더라도, 주위에 누군가가 있으면 집중력이 높아진다.

뇌 단련
POINT
: 누군가 곁에 있는 것만으로도 힘이 된다.
함께 있어주는 사람의 존재 그 자체에 감사하자.

뇌는 서로
에너지를 주고받는다

프랑스 리옹대학교 몽파르디니(Monfardini, E.) 박사 팀은 원숭이를 대상으로 '존재효과'를 관찰했다.

연구팀은 터치 모니터에 그림이 표시됐을 때 30초 이내에 정확한 순서로 터치하면 녹색 램프가 켜지며 먹이가 나오고, 틀리면 적색 또는 회색 램프가 켜지며 먹이가 나오지 않는 장치를 설치했다. 실험 결과, 원숭이 한 마리가 홀로 과제를 수행할 때보다 다른 원숭이가 지켜볼 때 정답을 맞히는 빈도가 높게 나타났다.

이때 원숭이의 뇌에서는 '집중'에 관여하는 네트워크가 활성화되는 것이 관찰됐다. 이는 동료가 곁에 있는 것만으로도 뇌의 활성도가 높아짐을 의미한다. 혈중 스트레스 호르몬의 농도나 보상계 등 대뇌기저핵의 변화는 관찰되지 않았다는 점에서 경쟁의식이 높아진 것은 아니었다.

앞서 경륜선수의 훈련방법에 관한 연구에서도 알 수 있었듯, 뇌는 '타인의 존재' 그 자체에서 힘을 얻는다. 마음이 통하는 사람들과 함께 즐거운 시간을 보내며 나도 모르게 에너지가 충전되는 느낌을 받은 적이 있을 것이다. 이는 서로의 뇌가 에너지를 주고받기 때문이다. 상대는 나의 존재에서 힘을 얻고, 나 또한 상대의 존재에서 힘을 얻는다.

다만 이때 중요한 조건이 하나 있는데, 그것은 서로 상대의 성장에 주목하고 장점을 바라보는 '공동체 사고'를 하는 것이다. 상대의 단점을 찾아내 지적하거나 불만을 늘어놓는 사람과 함께 있으면 오히려 에너지가 고갈된다.

'공동체 사고'가 특히 상대에게 힘을 주는 이유는 상대의 존재에 조건을 붙이지 않고 의미를 부여하기 때문이다. 상대가 나에게 베푼 호의를 조건으로 삼지 않고, 그저 존재한다는 사실 자체를 기뻐하고 감사하는 것. 이 같은 방식으로 뇌를 사용할 때 더욱 큰 감동의 에너지를 주고받을 수 있다는 사실도 밝혀졌다.

가령 조직의 구성원이 제각각 다른 생각을 하는 상태에서 "우리 팀은 국내 최고가 되는 것이 목표이므로 모두 최선을 다해주길 바랍니다"는 말을 들을 때와, 서로 깊은 신뢰가 형성된 상태에서 "여러분과 같은 동료와 함께 일할 수 있다는 것은 큰 행운입니다. 이렇게 멋진 동료를 만났으니 국내 최고가 되고 싶습니다"는 말을 들을 때, 진심으로 최선을 다하고 싶은 마음이 드는 것은 어느 쪽일까?

'공동체 사고'를 통해 서로의 존재에 감사하는 것은 뇌를 파워풀하게 만든다.

| 뇌 단련 POINT | 조건 없이, 곁에 있는 사람의 존재 자체에 감사하자. 그것이 함께 성장하는 원동력이 된다. |

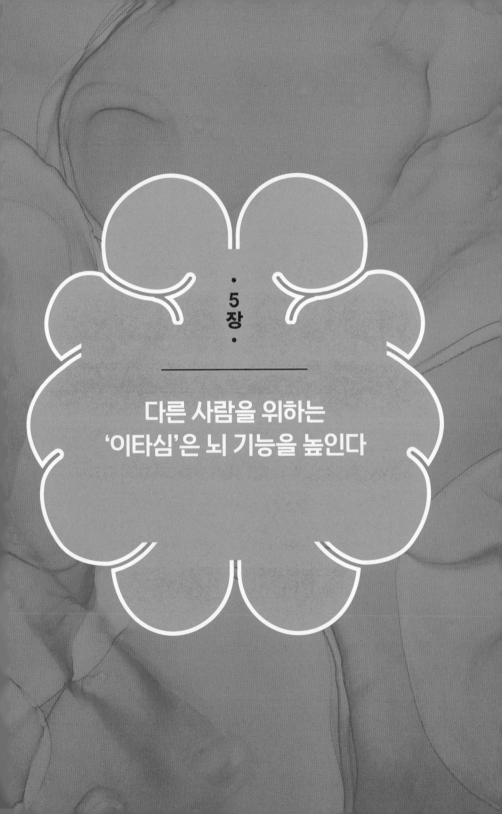

· 5 ·
장

다른 사람을 위하는
'이타심'은 뇌 기능을 높인다

나보다 다른 사람을 먼저 생각한다.

'다른 사람에게 어떤 도움이 될 수 있을지',
'다른 사람을 어떻게 하면 기쁘게 할 수 있을지' 생각한다.

'이타심을 갖는 것'이란 이런 것이다.

이타심을 기르면 뇌가 단련된다.
머릿속에서 이기심을 몰아내 셀프리스에 다가가는 것이다.
셀프리스에 도달하면 뇌 전체가 고루 활성화된다.

5장에서는
'이타심을 기르는 것이 어떻게 행복한 삶으로 이어지는지',
'어떻게 하면 이타심을 가질 수 있는지'에 관해
과학적 관점에서 해설한다.

'이타심'과
'오지랖'의 차이

실은 '내가 과연 이타심을 논할 자격이 있는가?'라는 고민이 있었다. 나는 '이타'와는 동떨어진 삶을 살아왔기 때문이다.

앞에서도 이야기했지만, 내 아버지는 화가 나면 부엌칼을 휘두를 정도로 폭력적인 사람이었다. 그래서 어린 시절부터 '내 목숨은 내가 지킨다'는 생각이 뼛속 깊이 박혀 있었다. 이는 이타심과는 정반대의 사고방식일 수 있다.

연구자의 길을 걷기로 결심한 것도, 다른 사람에게 도움이 되거나 사회에 공헌하기 위해서가 아니라, 단지 자연과학이 좋아서 지적 호기심을 충족하고 싶은 마음 그 이상도 이하도 아니었다.

대학에서 연구하던 시절, 세계적인 상을 수상한 어느 저명한 연구자가 자신의 연구를 수행하기 위해 다른 연구자의 실험을 방해했다는 이야기를 들은 적이 있다. 그것이 사실인지 그저 뜬소문인지는 지금도 알 수 없지만, 이 이야기를 들었을 때도 역시 자신을 먼저 챙기는 것이 무엇보다 중요하다며 고개를 끄덕였다. 그런 내가 이타심을 입에 올릴 자격이 있는지, 주저할 수밖에 없었다.

그러던 어느 날, 앞에서도 잠깐 언급한 이나모리 가즈오의 책에서 '이타(利他)'라는 개념을 접하고 깊은 감동을 받았다. 그 후로 나도 '이타'를 실천하고자 노력했으나, 한동안은 시행착오의 연속이었다. 오로지 나 자신만 생각하며 살아온 터라, 갑자기 이타를 실천하려니 무엇이 '이타'인지 판단하기가 어려웠다.

지금 생각하면 어처구니가 없지만, 여럿이 케이크를 나눠먹을 때 조금이라도 작은 조각을 선택해야 하는 것인지, 회식비를 걷을 때 조금 모자라게 받아야 하지는 않을지 고민했다. 또 버스에서 나이 드신 분께 자리를 양보하고 싶어도, 혹여 나이든 사람 취급을 했다고 기분 나빠한다면 그것은 진정한 이타적 행동이 아니지 않나 하며 망설였다.

과연 '이타심'과 '오지랖'의 차이는 무엇일까? 아무도 신경 쓰지 않을 것 같은 주제를 두고 나는 고민에 빠졌다. 그만큼 '이타'의 뇌 회로가 단련되기 어려운 인생을 살아왔기 때문이리라.

쓸데없는 고민을 하고 있다고 생각했는데, 연구 논문을 뒤지는 동안 '이타심과 오지랖의 차이'가 그렇게 엉뚱한 고민거리만은 아니라는 사실을 알게 됐다. 겉으로 드러난 행동만 보면 그것이 '이타심'인지 '오지랖'인지 분간하기 어려울 때가 왕왕 있지만, 그 차이를 한마디로 말하자면 '셀프리스 상태'에 있는가 아닌가라고 할 수 있다.

오스트리아 빈대학교 마잔딕(Majdandžić, J.) 박사 팀의 연구에 따르면, 셀프리스에 가까워지는 방식으로 뇌를 사용하면 자신과 비슷한 성향의 사람에게는 물론, 자신과 정반대 성향의 사람에게도 거리낌없이 다가갈 수 있게 된다고 한다. 뇌가 셀프리스 상태에서 하는 행동, 행위가 바로 '이타'인 것이다.

이렇게 이타심을 갖는 것이 뇌에 좋은 영향을 미친다는 연구 논문을 찾아 읽으면서 조금씩 '이타'를 이해하기 시작했다.

나는 내 자신이 '셀프리스'와 거리가 먼 유형의 인간이라는 것을 잘 알고 있다. 그러므로 내가 하는 행동은 대체로 '오지랖'에 가까울 가능성이 크다. 그래도 '이타'에 조금이라도 가까워지고자 날마다 뇌를 단련하고 있다. 이 장에서는 '이타'에 관한 다양한 연구를 살펴보고자 한다.

뇌 단련 POINT : **이타심과 오지랖의 차이는 '셀프리스 상태'에 있는가 아닌가다.**

'이타적인 사람'과 '이기적인 사람' 중 누구의 소득이 더 높을까?

　퇴근길 지하철 안, 나는 녹초가 된 상태고 옆자리에는 젊은 청년이 앉아 있었지만 어르신께 자리를 양보했다면, 이 또한 소소한 이타적 행동이라고 할 수 있다.

　그런데 이렇게 이타적인 사람을 보면 어쩐지 손해 보는 일이 많을 것 같다는 생각이 들지 않는가? 예전에는 나도 그렇게밖에는 생각되지 않았다. 다른 사람을 위해 좋은 일을 해봤자 실속도 없고, 오히려 행복으로부터 멀어지는 것만 같았다.

　하지만 사실은 그렇지 않다. 과연 이타심과 행복한 삶은 어떻게 연결

되는 것일까?

스웨덴 스톡홀름대학교 에릭슨(Eriksson, K.) 박사 팀은 일반인을 대상으로 "이기적인 사람과 이타적인 사람 중 누구의 연간소득이 높을 것으로 생각되는가?"라는 설문조사를 실시했다. 그 결과 68%가 '이기적인 사람'이라고 답했고, '이타적인 사람'이라고 답한 사람은 9%에 불과했다. 역시나 많은 사람이 '타인보다 자신을 우선시하고 다소 약삭빠른 사람이 돈도 더 잘 벌 것'이라고 생각한다는 것을 알 수 있었다.

그러나 실제 데이터를 확인하자 예상과는 정반대의 결과가 나왔다.

연구팀은 4,017명을 대상으로 설문을 실시해, 기부나 봉사활동 등의 이력을 바탕으로 그 사람의 성향이 이타적인지 이기적인지 파악했다. 그 후 14년간 조사대상자의 연간소득을 추적조사했다.

처음에는 양자 간 소득이 비슷했지만, 시간이 흐르자 이타적인 사람의 연간소득이 이기적인 사람을 앞서기 시작해, 최종적으로 이타적인 사람의 연간소득 증가율은 이기적인 사람의 1.5배에 달했다. 많은 사람의 예상과는 달리, 이타적인 사람이 이기적인 사람보다 더 높은 소득을 올리고 있었다.

어째서 이 같은 격차가 발생하는 것일까?

이타적인 사람은 직장에서도 항상 주위 사람을 배려한다. 힘들어하는 사람이 있으면 다가가 말을 걸고 자신이 할 수 있는 범위 내에서 상대를 돕는다. 다른 사람을 위하고 협력하는 것이다.

덕분에 이타적인 사람은 주위 사람의 신망을 얻는다. 그리하여 중요한 업무를 위임받거나 리더로 발탁되기도 하며, 결과적으로 승진으로 이어져 소득이 높아지는 것이라고 연구팀은 해석했다.

한편, 스웨덴 룰레오공과대학교의 연구에서는 구성원 간의 유대를 중시하는 조직에 이타적인 사람이 있으면 생산성이 2배 가까이 높아진다는 결과가 나왔다.

참고로 구성원 간의 유대를 중시하지 않는 조직에서는 이타적인 사람이 있어도 생산성이 높아지지 않았다. 이는 구성원 간 유대를 중시하는 조직에 이타적인 사람이 없는 경우와 크게 다르지 않았다.

이기적인 사람보다 이타적인 사람을 더 신뢰하는 것은 인지상정이다. 자신의 이익만 생각하는 사람보다는 다른 사람을 배려하는 사람이 더 믿음직스럽게 느껴지기 마련이다.

어려울 때 손을 내밀어 힘이 돼주고 싶은 상대 또한 평소 다른 사람을 생각할 줄 아는 사람이 아닐까? 늘 이기적으로 행동하는 사람이 곤경에 빠지면 자업자득이라는 생각부터 들지 모른다. 이처럼 이타심을 가지고 행동하는 사람은 힘든 일이 생겨도 주위 사람의 도움으로 쉽게 극복할 수 있다.

앞에서 '다른 사람과 마음으로 이어진 관계를 맺는 것'이 중요하다고 이야기했는데, 이타심을 가진 사람은 이 같은 관계를 쉽게 형성한다.

남에게 인정을 베풀면 언젠가 그것이 자신에게 복으로 돌아온다. 이타심을 갖는 것이 행복한 삶으로 이어지는 이유가 바로 여기에 있다.

뇌 단련
POINT
이타적으로 행동하면 그것이 돌고 돌아 자신의 이익으로 돌아온다.

공감에 바탕을 둔 이타적 행동은 뇌 기능을 활발하게 한다

이타적 행동에는 '공감'에 바탕을 둔 것과 그렇지 않은 것이 있다.

공감에 바탕을 둔 이타적 행동이란, 순수하게 상대를 위해서 하는 행동을 말한다. 친구가 곤경에 처해 괴로워할 때 그 마음에 공감해 어떻게 하면 힘이 되고 도움을 줄 수 있을지 고민하고 행동하는 것처럼.

한편 누군가 나에게 호의를 베풀었을 때 그 보답으로, 또는 대가를 바라고 무언가를 해주는 것은 공감과는 상관이 없다. 행복한 삶으로 이어지는 이타적 행동은 전자, 즉 '공감'에 바탕을 둔 이타적 행동이다.

스위스 취리히대학교 헤인(Hein, G.) 박사 팀은 '공감'을 바탕으로 이타적 행동을 하는 사람과 그렇지 않은 사람의 뇌에 어떤 차이가 있는지 알아보기 위한 실험을 실시했다.

먼저 두 사람을 마주 보고 앉게 한 후, 한 사람에게 전기충격을 가하고 다른 한 사람은 그것을 지켜보게 한다. 편의상 지켜보는 사람을 A, 전기충격을 받는 사람을 B라고 하자. 이때 A가 돈을 내면 그 금액에 따라 B가 받는 전기충격의 강도를 낮추거나 멈추게 할 수 있다고 설명한 후 A가 어떻게 반응하는지 관찰했다.

그러자 손해를 감수하고서라도 상대를 도우려는 사람과, 손해를 감수해 가며 상대를 도와야 할 필요를 느끼지 못하는 사람으로 나뉘었다.

이어서 A와 B의 입장을 바꿔가며 실험을 반복했다.

그 결과 첫 번째 실험에서 상대를 돕지 않았던 사람도 두 번째 실험에서 자신이 도움을 받고 나면, 다음 실험에서는 상대를 위해 돈을 지불했다. 이는 '보답'의 의미를 담은 이타적 행동이라고 할 수 있다.

또 첫 번째 실험에서 돈을 지불한 사람은 다음 차례에 더 큰 돈을 지불하는 경향이 나타났다. 본래의 성향에 보답하고 싶은 마음이 더해져 이타심이 더욱 커진 것이다.

이들의 뇌 활동을 관찰한 결과, '공감'을 바탕으로 이타적인 행동을 하는 사람과 그렇지 않은 사람은 뇌의 각 부위의 연결 상태가 서로 다른 것으로 나타났다. '공감'을 바탕으로 이타적인 행동을 하는 사람은 뇌섬엽, 전대상피질, 선조체가 동시에 밝게 빛났다. 이는 이들 부위가 서로 유기적으로 작동하고 있음을 의미한다.

한편 보답의 차원에서 이타적인 행동을 한 사람은 그 연결이 약해서 어느 한 부위가 밝게 빛나도 다른 부위는 활성화되지 않았다.

뇌과학에서는 '공감'을 바탕으로 이타적인 행동을 하는 사람의 뇌가 더 바람직한 것으로 여겨진다. 뇌는 전체적으로 고루 활성화될 때 그 진가를 발휘하기 때문이다. 즉, '공감'을 바탕으로 이타적인 행동을 하면 행복한 삶의 열쇠인 '뇌섬엽'을 단련할 수 있다.

물론 '보답'의 의미로 이타적인 행동을 하는 것도 중요하다. 그러나 뇌섬엽을 연마하는 '뇌 단련'의 관점에서는 '공감'에 바탕을 둘 때 의미가 있다.

뇌 단련
POINT ┊ **'공감'을 바탕으로 이타적인 행동을 하면 뇌가 단련된다.**

타인에게 공감하면
쾌감을 느끼게 된다

이타적인 행동은 돌고 돌아 자신에게 득이 된다. 이타적인 사람이 이기적인 사람보다 연간소득이 높은 것이 그 일례다. 다만, 이타적인 행동이 눈에 보이는 이득이 되어 돌아오기까지는 시간이 걸린다.

하지만 뇌에서는 이타적인 행동이 곧바로 득이 되기도 한다.

미국 센트럴플로리다대학교 손(Sonne, J.W.) 박사 팀은 연구를 통해 '곤경에 처한 사람의 감정에 공감하여 도움을 주면 뇌의 보상계가 활성화된다'는 사실을 밝혀냈다. '보상계'는 쾌감과 연관된 뇌 부위로, 기분 좋은 자극이나 행동을 통해 활성화돼 쾌감을 느끼게 하는 도파민의 분비를 늘린다.

지하철에서 다른 사람에게 자리를 양보하고 감사 인사를 받으면 기분이 좋아지는 것도 보상계의 역할이다. 즉, 공감을 바탕으로 한 이타적인 행동이 '쾌감'으로 이어지는 것이다.

반면 이기적인 사람은 다른 사람에게 관심이 없기 때문에 그 고통을 눈치채지 못할 때가 많으며, 알아차리더라도 FF 반응을 보인다. 힘들어하는 사람을 외면하거나 "어려움을 겪는 것은 자업자득"이라며 상대를 질타하기도 한다. 두려움과 분노의 에너지로 보상계를 활성화해 그 나름의 쾌감을 얻는 것이다.

이 같은 방식으로 뇌를 사용하는 사람은 과거 가혹한 상황을 경험했을 가능성이 크다. 나 또한 폭력을 일삼는 아버지 때문에 걸핏하면 FF 상태에 돌입하던 때가 있었다. 다행히 '뇌 단련'을 통해 마음이 치유된 덕분에 이제는 불필요하게 긴장하는 일은 사라졌다.

한편 상대가 원치 않는 친절을 베푸는 '오지랖'도 공감이 결여된 행동이라고 할 수 있다. 이타적 행동에 '공감'이 얼마나 중요한 요소인지 이해했으리라 믿는다.

| 뇌 단련 POINT | 공감을 바탕으로 한 이타적 행동은 쾌감을 느끼게 하는 도파민의 분비를 늘린다. |

'공감능력'과
'이타심'을 동시에 활용하라

독일 막스플랑크연구소 클리멕키(Klimecki, O.M.) 박사 팀은 훈련을 통해 '공감능력'을 키우면 다른 사람의 뇌와 쉽게 동기화된다는 사실을 밝혀냈다.

다른 사람의 뇌와 동기화되면 상대의 감정에 쉽게 공감하며 뇌섬엽의 활성도도 높아진다. 그러나 '공감능력'에 항상 좋은 면만 있는 것은 아니다. 공감능력이 뛰어난 사람은 상대가 불안을 느끼거나 스트레스를 받거나 괴로워할 때도 그 감정을 고스란히 느끼기 때문에 자신도 덩달아 부정적인 감정에 사로잡히기 쉽다. 과연 어떻게 해야 상대의 감정에 공감하면서도 긍정적인 마인드를 유지할 수 있을까?

연구팀은 공감능력이 뛰어난 사람에게 '이타심'을 높이는 훈련을 받게 하자 '공감능력'과 '긍정적 마인드'가 동시에 유지되는 것을 관찰했다. '공감능력'이란 상대와 같은 감정을 느끼고 상대를 이해하는 능력을 말한다. '이타심'이란 상대에게 손을 내밀어 실질적인 도움이 되는 행동을 하고자 하는 마음을 말한다.

뛰어난 공감능력 때문에 상대의 부정적 감정까지 고스란히 느끼더라도, 상대에게 실질적으로 도움이 되는 행동을 하면 뇌에서 긍정적 마인드가 형성된다는 것이다.

TV에서 자연재해로 인해 피해를 입고 고통스러워하는 사람을 보면 내 마음도 괴로워진다. 이런 때 성금을 보내고 필요한 물품을 기부하거나 피해현장을 찾아 봉사활동을 하는 등 자신이 할 수 있는 일을 하면, 재난을 당한 사람들에게도 도움이 되지만 자신 역시 보람을 느끼게 된다.

이것이 '공감능력'과 '이타심'을 동시에 활용하는 상태다.

또 이타심은 긍정적 마인드를 유지하는 효과가 있다.

팀 단위로 업무를 수행하는데 구성원 중 한 명이 힘든 상황에 놓여 있다고 가정해보자. 만약 팀의 리더에게 공감능력이 있다면 그 구성원의 마음을 헤아리고 다독일 수 있다. 하지만 공감능력이 지나치게 뛰어난 나머지 구성원과 함께 힘들어하면, 그 감정이 팀 전체에 퍼져나가 다른 구성원에게도 좋지 않은 영향을 미칠 수 있다.

이때 리더가 이타심을 높이는 훈련을 받는다면 높은 공감능력을 유지하면서도 부정적 감정에 휘말리지 않을 수 있다.

이타심, 즉 '세상과 타인을 위하는 마음, 그리고 자신뿐만 아니라 주위의 모든 사람이 항상 행복하기를 바라는 마음'을 가지면 어떤 상황에서도 긍정적인 마음을 잃지 않을 수 있다.

신종 코로나 바이러스로 인한 팬데믹으로 너나 할 것 없이 불안을 느끼는 이 시기에 세상을 위해, 타인을 위해 무엇을 할 수 있을지 생각해보면 어떨까?

힘들어하는 사람들에게 어떻게 하면 도움이 될 수 있을지, 예를 들어 의료 종사자를 위해 내가 할 수 있는 일은 없을지, 이웃에 홀로 사는 어르신을 위해 무엇을 할 수 있을지 생각해보는 것이다. 자신만 생각할 때보다 긍정적 감정이 커지며 시야가 넓어지는 것을 느낄 수 있을 것이다.

뇌 단련
POINT : **'이타심'을 기르면 긍정적 감정이 들고 시야가 넓어진다.**

이타적인 행동은
행복감을 더 오래 유지시킨다

　자신에게 힘든 일이 생겼을 때 주위 사람으로부터 따뜻한 위로를 받거나 도움을 받으면 고맙고 기쁜 마음이 든다. 반대로 누군가 힘들어할 때 내가 건넨 한마디, 내가 내민 손이 그 사람에게 위로가 되고 도움이 될 때도 큰 기쁨을 느낀다. 이는 이타적인 행동이 뇌의 보상계를 활성화하기 때문이라고 앞에서 설명했다.

　미국 매사추세츠대학교 슈와츠(Schwartz, C.) 박사 팀 역시 2,016명을 대상으로 '사람은 어떤 때 행복을 느끼는가'를 조사한 연구에서 같은 결과를 도출했다.

　'다른 사람이 자신에게 무언가를 해줬을 때'와 '자신이 다른 사람에게 무언가를 해줬을 때' 중 언제 더 큰 행복감을 느끼는지에 대한 결론을 얻은 것이다.

'다른 사람이 자신에게 무언가를 해줬을 때' 느끼는 행복감은 스트레스나 부담감과 같은 부정적 감정으로 쉽게 상쇄되지만, '자신이 다른 사람에게 무언가를 해줬을 때' 느끼는 행복감은 쉽게 사라지지 않는다고 한다. 즉 '이타적 행동은 행복감을 오래 유지하는 효과가 있다'는 사실이 과학적으로 밝혀진 것이다.

나아가 뇌가 행복감을 느끼면 뇌의 액셀이 활성화돼 뇌 기능이 전반적으로 향상되는 것도 확인됐다. '이타적으로 생각하고 행동한다 → 행복감을 느낀다 → 뇌의 액셀이 활성화된다 → 뇌 기능이 향상된다'는 선순환이 일어나는 것이다.

내가 힘들고 괴로우면 '누가 나에게 이것 좀 해줬으면, 저것도 좀 해줬으면……' 하고 바라기 마련이다. 사람은 누구나 그렇다.

그런데 앞에서도 이야기한 것처럼, 평소 감사하는 마음과 긍정적 마인드를 형성하는 뇌 회로를 단련해두면 어떤 힘든 일이 생겨도 진심으로 감사하고 긍정적으로 생각할 수 있게 된다. 마찬가지로 평소 이타적으로 사고하는 뇌 회로를 단련해두면 아무리 힘든 상황에서도 다른 사람을 위해 행동할 수 있게 된다.

자신이 힘든 때일수록 이타심은 더욱 빛을 발한다. 이타적으로 행동하면 뇌 기능이 활발해지므로 창조적인 해결책을 더 쉽게 찾아낼 수 있고, 다른 사람과 협력해 어려움을 극복할 수 있다.

그러므로 사소한 일이라도 좋으니 평소 '다른 사람을 위해 무엇을 할 수 있을지'를 생각하는 습관을 들여보면 어떨까?

일상생활에서 이타를 실천하면 또 다른 훌륭한 효과를 얻을 수 있다. 감당하기 어려운 고난을 겪게 되더라도 그것을 고통으로 여기지 않고 긍정적으로 받아들이는 방향으로 뇌가 단련되는 것이다.

이를 통해 다른 사람과 협력해 해결책을 더 쉽게 찾아내는 상태, 즉 마음을 하나로 모음으로써 천재적 지성을 능가하는 '집단지성'을 발휘하는 상태에 도달할 수 있다.

뇌 단련
POINT

평소 다른 사람을 위해 무엇을 할 수 있을지 생각해 행동으로 옮겨보자. 그것이 뇌를 단련해 어떤 상황에서도 이타적으로 행동할 수 있게 한다.

뇌는 본래
이타적으로 설계돼 있다

많은 사람이 이타심을 갖는 것을 어렵게 생각하는 듯하다. 머리로는 이해해도, 막상 힘든 일이 닥치면 자신부터 챙기게 된다.

이 또한 이타심의 뇌 회로가 단련돼 있지 않기 때문이다. 다른 사람을 먼저 배려하는 뇌 회로가 제대로 작동하지 않으면 이타심을 갖기 어렵다. 내가 바로 그 산증인이다.

이타심을 갖는 것이 막연하게 느껴진다면, 지하철이나 버스에서 노약자에게 자리를 양보하거나, 길에 떨어진 쓰레기를 줍거나, 힘들어하는 사람에게 따뜻한 말을 건네는 등 무엇이라도 좋으니 다른 사람에게 도움이 되는 일을 해보길 바란다.

'일일일선(一日一善)'이라는 말이 있다. 하루 한 가지 좋은 일을 한다는 뜻인데, 실은 이것이 뇌를 효과적으로 활용하는 비결이라는 사실이 과학적 연구를 통해 밝혀졌다.

'일일일선'을 꾸준히 실천하면 이타심의 뇌 회로가 단련돼 차츰 이타적인 행동을 할 수 있게 되는 것이다.

사실 이타심을 갖는 것은 그리 어려운 일이 아니다. 뇌는 본래 이타적으로 설계돼 있기 때문이다.

미국 캘리포니아대학교 로스앤젤레스캠퍼스 크리스토브 무어 (Christov-Moore, L.) 박사 팀은 경두개자기자극법으로 피험자의 전전두엽 기능을 일시적으로 저하시킨 상태에서 여러 가지 판단을 하게 하는 실험을 실시했다.

전전두엽은 뇌의 사령탑이라고도 불리는 부위로, 감정적인 행동을 억제하는 등 여러 가지 판단에 관여한다. 또 전전두엽은 뇌의 각 부위 중에서도 가장 나중에 발달하는 부위라서 전전두엽의 기능을 억제하면 본능에 가까운 뇌의 작용을 확인할 수 있다.

실험 결과 전전두엽의 일부 기능을 억제하자 이타적인 행동이 증가하는 것으로 나타났다. 즉, 인간의 뇌는 본래 이타적인 성향을 지니고 있음이 밝혀진 것이다.

자신과 상대가 공존하는 상태가 '이타', 즉 '셀프리스'의 상태다.

지극한 이타에 도달하면 자아가 사라지고 '타(他)' 안에 자신이 포함되는 상태가 된다. 이타의 '타(他)'는 자신과 타인을 구별하는 '타(他)'가 아니라, 자신을 포함한 공동체의 모든 구성원, 나아가 살아 숨쉬는 모든 존재를 의미한다.

하지만 살아가는 동안 속임을 당하거나 배신당하는 경험을 하면서 자신을 지키기 위해 전전두엽의 일부가 이기적인 판단을 내리게 되는 것으로 생각되고 있다.

이기적인 행동은 본능을 거스르기 때문에 생각보다 큰 에너지가 소모된다. 뒤집어 말하면, 이타적으로 뇌를 사용하는 사람이 자연체에 가까운 인간이며 에너지도 덜 소비한다는 뜻이다. 비유하자면, 이타적인 사람은 액셀을 가볍게 밟는 것만으로 경쾌하게 질주하는 가속성능과 뛰어난 연비를 겸비한 훌륭한 자동차라고 할 수 있다.

그래도 여전히 이타심을 갖는 것이 어렵게 느껴진다면, 먼저 주위 사람에게 감사하는 마음을 갖는 것부터 시작해보면 어떨까? 이에 관해서는 2장에서 자세히 설명했다.

주위 사람에게 감사하는 마음이 충만해지면 자연히 '이번에는 내가 다른 누군가에게 도움이 되는 일을 해보고 싶다'는 마음이 생겨날 것이다.

평소 감사하는 마음과 이타심의 뇌 회로를 꾸준히 단련해두면 인생에 큰 변화가 일어날 것이다.

뇌 단련 POINT	'일일일선'을 실천해 이타심의 뇌 회로를 단련하면 차츰 이타적인 행동을 할 수 있게 된다. 이것이 어렵다면 주위 사람에게 감사하는 것부터 시작하자.

'이타심의 뇌 회로 단련'은 '미래 예측'을 가능하게 한다

다른 사람의 의도와 감정을 유추하는 것을 '마음 이론(Theory of Mind)'이라고 한다. '마음 이론'을 설명할 때 자주 인용되는 것이 '샐리-앤 실험(Sally-Anne Test)'이다.

① 샐리와 앤이 방에서 함께 놀고 있다

② 샐리가 가지고 놀던 공을 바구니에 넣은 후 밖으로 나갔다

③ 샐리가 밖에 나간 사이에 앤이 공을 바구니에서 상자로 옮겼다

④ 샐리가 방으로 돌아왔다

문제, "샐리가 다시 공을 꺼내려 할 때 가장 먼저 찾아보는 곳은 어디

일까?"

공이 실제로 들어 있는 것은 '상자'지만, '마음 이론'을 갖춘 사람은 샐리의 관점에서 생각하므로 "바구니"라고 답한다.

'샐리-앤 실험'은 매우 단순한 예지만, 실생활에서는 훨씬 복잡한 상황에서 다른 사람의 마음 상태나 감정을 유추해야 할 때가 많다. 다른 사람이 어떤 생각을 하고 어떤 감정을 느끼며 어떤 행동을 할지 유추할 수 있다면 인간관계는 한결 수월해질 것이다.

공감능력을 높이고 이타심의 뇌 회로를 단련하는 것은, 타인의 생각과 감정, 행동을 유추하는 '미래 예측'의 뇌 회로를 단련하는 것과 같다.

2018년 NHK에서 〈사카모토 료마(坂本 龍馬, 1800년대 일본의 무사 겸 사업가_옮긴이)의 뇌 사용법〉이라는 프로그램을 제작하면서 나를 취재한 적이 있다. 그때 나는 사카모토 료마의 편지 등을 바탕으로 그가 뛰어난 공감능력의 소유자였을 것이라고 유추했다. 지금의 무역회사에 해당하는 '가메야마 조합(龜山社中)'을 설립하고, '삿초동맹(薩長同盟, 일본 에도시대 후기에 사쓰마번(현 가고시마현)과 조슈번(현 야마구치현)이 맺은 정치적, 군사적 동맹_옮긴이)' 이나 '대정봉환(大政奉還, 도쿠가와 막부 15대 쇼군 도쿠가와 요시노부가 메이지 천황에 대한 통치권 반납을 선언한 정치적 사건_옮긴이)'과 같은 굵직한 역사적 사건의 숨은 주역으로서 미래를 내

다보고 행동한 것은 이타적으로 뇌를 사용하는 능력이 뛰어났기 때문이라고 추론했다.

프로그램을 촬영하는 동안 '공감능력 및 이타적 능력과 미래 예측 능력의 상관관계'를 알아보는 실험(안타깝게도 이 실험은 방송되지 않았다)도 했는데, 그 내용은 다음과 같다.

먼저 피험자에게 공감능력과 이타심을 측정하는 테스트를 치르게 한다. 그 다음 스토리가 있는 영상의 첫 부분만 보여주고 등장인물의 감정과 행동을 바탕으로 결말을 예측하게 하는 것이다. 그 결과, 공감 능력이 뛰어나고 이타심이 클수록 스토리의 결말을 정확하게 예측하는 것으로 나타났다.

다른 사람의 마음을 헤아리고 그 사람을 위한 ('오지랖'이 아닌) 행동을 하는 이타심을 기르는 것은 미래를 예측하는 뇌 회로를 단련하는 것과 같다.

뇌 단련 POINT : **다른 사람의 마음을 헤아릴 줄 아는 사람은 미래를 예측하는 능력을 얻을 수 있다.**

미래를 본 듯한
정확한 예측도 가능하다

　최신 뇌과학은 뇌 회로가 무의식의 영역에서 미래를 예측하며 환경에 적응하는 것으로 생각하고 있다. 과거에는 뇌 회로에 미래를 예측하는 능력이 있을 것이라고는 생각하지 못했다. 단순히 감각신경이 외부 자극을 받아들여 중추신경(뇌)에 전달하면 뇌에서 판단을 내리고 행동을 일으키는 것으로 이해했다. 즉, 뇌 회로는 선형적으로 작용한다는 것이다.

　그런데 1980년대부터 뇌 회로는 미래를 예측하고 수정하기를 반복한다고 생각하기 시작했다. 미래 예측의 정확도가 높아질수록 아웃풋(output), 즉 '행동'을 수정할 필요가 작아진다.

상대에게 공감하고 이타적으로 행동하는 '뇌 단련'은, 어떤 면에서는 대인관계와 관련된 미래 예측의 정확도를 높이는 훈련이기도 하다. 참고로 '대인관계'라고 하면 1대 1 또는 몇몇 사람 사이의 관계를 떠올리기 쉽지만, 인간사회 전체가 바로 대인관계의 집합이다.

그러므로 '뇌 단련'을 통해 뇌 회로의 능력을 높이면 꽤나 큰 규모의 미래 예측도 가능해지리라고 상상할 수 있다. 그 일례로, 이나모리 가즈오 명예회장이 '제이전전(第二電電. DDI, 현 KDDI)의 성장 발전과 동일본대지진 이후 일본항공의 실적 회복'에 관해 마치 미래를 보고 온 듯 정확하게 예측한 일을 들 수 있다. 이는 그가 평생에 걸쳐 공감능력과 이타심을 키워 온 덕분이 아닐까 생각된다.

뇌 단련
POINT

공감능력과 이타심을 키우면 미래를 정확하게 예측할 수 있다.

마음으로 이어진 인간관계와 이타심이 삶을 바꿨다 ①

다시 내 이야기를 들려주고자 한다.

'행복해지고 싶다'는 생각을 단 한 번도 해본 적 없던 내 인생이 크게 달라진 계기 중 하나는 아내 클레어와의 만남이다. 우리는 자기계발 세미나의 일주일짜리 해외 투어에서 처음 만났다(나는 미국에서 통역으로, 클레어는 일본에서 참가자로 투어에 합류했다).

그때는 이미 '말 걸기 프로젝트' 3,000명을 달성한 이후여서 처음 만나는 클레어와도 자연스럽게 대화를 나눌 수 있었고, 덕분에 일주일 만에 우리는 완전히 의기투합했다.

클레어는 이혼의 아픔을 겪고 홀로 꿋꿋하게 딸을 키우고 있었다. 당시 내 나이는 40대 중반. 피차 따지고 잴 것도 없이, 만난 지 불과 몇 개월 만에 우리는 결혼을 약속했다.

하지만 당시 나는 미국 시카고 노스웨스턴대학교에서 연구원으로 재직하고 있었고, 클레어는 일본에서 직장생활을 하고 있었기 때문에 당장 함께 살 수 있는 형편이 아니었다. 그래서 한동안은 클레어가 딸과 함께 가끔 미국에 놀러오는 것으로 만족해야 했다.

참고로 미국 대학에서는 연구원 스스로 연구비를 따내야 한다. 미국 국립보건원 같은 정부기관에 연구 내용을 밝히고 예산을 신청해 승인을 받으면 연구비가 나온다. 미국 전역에서 접수되는 연구 신청 중 불과 10~15%만이 승인될 만큼 경쟁이 치열하다.

당시 나는 운 좋게도 5년치 연구 예산을 받은 상태였지만 언제 동이 날지 알 수 없었다. 연구 예산에는 연구자의 '급여'도 포함돼 있기 때문에 예산이 바닥나면 당장 생활이 곤란해진다. 혼자 살 때야 생활비가 떨어져도 어떻게든 되겠거니 하며 태평했지만, 이제는 온 가족이 길바닥에 나앉을 수도 있다고 생각하니 눈앞이 아득해졌다. 만에 하나 연구비를 받지 못해도 생활에 지장이 없어야 한다는 생각에 내가 시작한 것은 부동산 투자였다.

그러나 야속하게도 투자를 시작한 직후 리먼 브라더스를 파산으로 몰고 간 서브프라임 모기지 사태(2007년 미국의 대형 모기지론 업체들이 줄줄이 파산하면서 국제금융시장에 신용경색을 불러온 연쇄적 경제위기_옮긴이)가 발발했고, 나 또한 그 소용돌이에 휩쓸려 막대한 손실을 입고 말았다.

하지만 이제 와 돌아보면, 어차피 벼락치기 공부로 시작한 투자였기 때문에 결과는 달라지지 않았을 것이다. 경제위기가 아니었더라도 부동산에 문외한이었던 내가 안정된 수익을 올릴 리 만무했다. 명색이 뇌과학자로서 과학적으로 행동하고자 노력했던 내가 지극히도 비과학적인 행동을 하고 만 것이다.

'이기(利己)'가 앞서면 뇌 전체의 회로가 단절돼 판단이 얼마나 흐려지는지를 몸소 체험한 셈이다.

나는 좌절했다. 그런 상황에서 결혼은 꿈도 못 꿀 일이었다. 하지만 클레어에게 사실을 숨길 수는 없었다.

'모든 것을 솔직히 털어놓고 용서를 구하자.'

지금으로서는 결혼이 어렵다고 말하고, 그래서 클레어와 헤어지게 되더라도 그것은 내가 감당할 몫이라고 생각했다. 클레어가 다시 미국에 왔을 때 나는 모든 것을 털어놨다. 내 이야기가 끝나자 클레어는 의연한 표정으로 말했다.

"당신은 그런 일로 좌절할 사람이 아니에요. 나는 당신을 믿어요."

이토록 타인을 순수하게 믿는 사람이 있다니.

이토록 나를 믿어주는 사람이 있다니. 그것도 나 자신보다 더.

태어나 처음 느끼는 감정에 내 마음은 요동쳤다.

덕분에 우리 사이는 달라진 것 없이, 나는 미국에서, 클레어는 일본에서 각자의 일을 하며 만남을 이어갔다.

그렇게 나는 태어나 처음 '마음으로 이어진 인간관계'라는 것이 무엇인지 알아가기 시작했다.

뇌 단련
POINT

나보다 더 나를 믿어주는 사람을 만나면 인생이 달라진다.

마음으로 이어진
인간관계와 이타심이
삶을 바꿨다 ②

그 무렵 내 인생에 커다란 영향을 미친 또 하나의 만남이 기다리고 있었다. 그것은 앞에서도 잠시 언급한 교토세라믹 주식회사(현 교세라)를 설립한 동사의 명예회장 이나모리 가즈오의 철학이다.

시카고에 머물던 시절 나와 같은 일본인 친구가 몇 명 있었는데, 그중 한 명이 어느 날 "이나모리 철학을 공부하고 싶은데 시카고에는 '세이와주쿠'가 없단 말이야. 있었다면 나도 등록했을 텐데……" 하고 중얼거렸다.

당시 일본에서는 "정신을 고양하고 영업 실적을 높임으로써 직원을 행복하게 하는 것이 경영자의 사명"이라는 이나모리 가즈오의 경영철학을 공부하는 경영아카데미 '세이와주쿠(盛和塾)'가 전국 각지에서 운영되고 있었다. 미국에도 세 곳의 지부가 있었는데(세이와주쿠가 종료되던 2019년 말 현재 해외지부는 48곳이었다), 내가 살던 시카고에는 지부가 없었다.

"그렇게 아쉬우면 직접 만들지 그래."

지나가듯 던진 말이었는데, 친구는 정말로 시카고지부를 설립해버렸다. 그리고는 "네가 만들라고 했으니 너도 꼭 참가해야 해"라고 하는 것이었다. 하지만 그때는 이나모리 철학을 잘 모르던 시절이라 그다지 내키지 않았다.

그래도 계속되는 친구의 권유에 못 이겨, 일단 그의 책을 읽어보기로 했다. 일본 책을 구할 수 있는 큰 서점에 가서 집어든 것이 바로 《生き方(카르마 경영)》이었다. 집으로 돌아와 별 생각 없이 책장을 넘기기 시작했는데, 이내 내 의지와는 상관없이 눈물이 흘러내리기 시작했다. 그렇게 흐르는 눈물을 멈추지 못한 채 단숨에 마지막 장까지 읽어내려 갔다.

나는 어째서 그토록 감동했던 걸까? 지금 와 돌아보면, 저자의 순수한 이타적 삶이 내 마음을 강하게 두드렸던 듯하다.

미국에서 자기계발 세미나에 참가한 것은 이 책을 만나기 전의 일이었다. 자기계발 세미나에서도 이타심의 중요성을 이야기했지만, 그들이 말하는 '이타'의 최종 목적은 '자신의 이익'이었다.

앞에서 이야기했듯, 마음으로 이어진 관계를 맺고 이타심을 기르면 그것이 결국 개인의 행복으로 이어지며 부가가치를 낳는다.

이 장에서도 계속 이야기한 것처럼, 구성원 전체가 아닌 나 홀로 이타적으로 살아간다 하더라도 이기적인 삶보다는 더 큰 이점이 있다.

이런 의미에서는 이타심이 자신의 이익으로 이어지는 것은 분명하지만, 자기계발 세미나에서 말하는 그것은 이보다 더 자기중심적인 것, 즉 금전이나 사회적 지위와 같은 실질적 이득을 취하기 위한 수단으로서의 '이타심'이었다.

그러나 이나모리 가즈오가 말하는 '이타'는 무언가를 얻기 위한 수단이 아니라, 그 자체가 목적이다. 이 세상에 이토록 순수하게 이타적인 사람이 있다니! 더구나 그토록 이타적인 사람이 기업 경영인으로 성공했다는 사실에 나는 깊이 감동했다.

그리하여 나도 세이와주쿠의 일원이 되어 이나모리 철학을 공부하기 시작했다. 이때 나는 뇌과학적 관점에서 그의 철학을 이해하는 작업을 병행했는데, 그의 경험과 실천, 그리고 그 과정에서의 끊임없는 노력의 산물인 이나모리 철학은 뇌과학적 관점으로 바라봤을 때도 충분한 정합성이 인정됐다.

물론 과학이 절대기준은 아니지만, 평생을 과학의 세상에서 살아 온 나로서는 이나모리 철학이 과학적으로도 증명됨을 확인했기에 더욱 확신을 가지고 그것을 받아들일 수 있었다.

이렇게 장황하게 개인적인 이야기를 늘어놓는 것은, 내 인생을 풍요롭고 행복하게 만들어준 것 또한 '뇌 단련'이었다는 사실을 알려주고 싶기 때문이다.

내 아내 클레어와의 만남을 통해 마음으로 이어진 인간관계를 맺을 수 있었고, 그 관계 속에서 감사하는 법과 긍정적으로 살아가는 법에 눈을 떴다. 그리고 이나모리 철학을 만나고 비로소 '이타심'의 진정한 의미를 알게 됐다.

뇌 단련
POINT : **이타심을 갖는 것은 풍요롭고 행복한 삶으로 이어진다.**

· 6
장 ·
———————

몸과 마음을 가다듬어
뇌를 성장시키는 '마인드풀니스'

잡다한 생각을 모두 버리고
'지금, 여기'에 의식을 집중하는 '마인드풀니스'.

제6장을 한마디로 요약하자면,
"마인드풀니스로 뇌를 단련하자!"라고 할 수 있다.

최근 뇌과학계에서도 활발한 연구를 통해
'마인드풀니스'를 통해 얻을 수 있는 다양한 효과가 입증되고 있다.

6장에서는 '마인드풀니스란 무엇인지', 그리고
'몸과 마음에 어떤 효과를 가져다주는지'에 관해 설명한다.

마인드풀니스는
'집중'과 '이완'이 공존하는 상태

먼저 '마인드풀니스(Mindfulness)'란 무엇인지부터 살펴보자.

마인드풀니스의 일인자로서 이를 의료분야로 확대 적용한 존 카밧진 (Jon Kabat-Zinn) 교수는 마인드풀니스를 다음과 같이 정의한다.

"의도적으로 판단을 배제한 채 지금 이 순간에 집중함으로써 형성되는 의식(the awareness that arises from paying attention, on purpose, in the present moment and non-judgmentally)."

즉, 마인드풀니스는 잡다한 생각을 멈추고 자신의 몸과 마음을 오롯이 마주하는 시간을 갖는 것이라고 할 수 있다.

실제 행위는 '명상'에 가깝다. 명상을 통해 마음 상태를 바꾸는 것으로, '집중'과 '이완'이 공존하는 가운데 정신과 육체 그리고 뇌의 상태를 안정시키는 것이다. 정신을 집중하면 거기에 이기심이 끼어들 여지가 사라지므로, 뇌에서 이기심을 몰아내기에 가장 효과적인 '뇌 단련' 방법이기도 하다.

마인드풀니스는 최근 서양에서 들어온 새로운 개념이라고 생각하는 사람이 많은 듯하다. 그런데 사실 마인드풀니스의 원류는 불교의 '선(禪)'이다. 하지만 동양보다 오히려 서양에서 명상과 좌선 문화가 널리 알려져 있다. 서양문화권 학자들이 명상과 좌선을 연구해 발표한 논문이 얼마나 많은지 놀라울 정도다.

미국과 유럽에서는 내과, 정신과, 말기의료 등의 의료 프로그램에 마인드풀니스를 활용하는 방향으로 연구가 이루어지며, 마인드풀니스가 우울증이나 의존증을 개선하는 등 '뇌'에도 긍정적인 영향을 미친다는 사실이 밝혀졌다.

나아가 의료 이외의 분야, 즉 질환이 없는 사람도 마인드풀니스의 효과를 얼마든지 누릴 수 있다는 사실 또한 알게 됐다. 그리하여 일상생활의 질을 높이는 방법으로서 다양한 분야에서 마인드풀니스를 적용하고 있다.

최근에는 구글, 페이스북, 골드만삭스, P&G, 인텔 등 세계 유수의 기업에서도 몸과 마음을 건강하게 유지하고 스트레스 없이 업무에 집중하도록 돕기 위해 직원 연수 등에 마인드풀니스를 도입하고 있다.

뇌 단련
POINT
: '마인드풀니스'는 뇌에서 이기심을 몰아내기에 가장 적합한 '뇌 단련' 방법이다.

육체·정신·뇌의 상태를 알아차리는 '마음 운동'

마인드풀니스의 원류는 불교의 '선'이라고 설명했는데, 이렇게 말하면 그것이 마치 종교적인 행위처럼 느껴질지도 모르겠다. 그러나 뇌과학 분야에서 연구되고 있는 마인드풀니스는 순수한 뇌 훈련 방법으로, 종교와는 무관하다.

앞서 마인드풀니스의 일인자라고 소개한 존 카밧진 교수 또한 과거 인터뷰에서 종교적 색채에 관한 기자의 질문에 다음과 같이 답했다.

기자: "마인드풀니스를 미국 사회에 보급할 당시 종교적 색채를 없애고자 노력하셨다고 들었습니다."

카밧진: "'집중'이나 '깨달음'이라는 단어가 딱히 종교적인 의미를 지니지는 않지요. 이는 모두 인간의 고유한 능력과 관련돼 있으며, 의식적으로 단련해 키울 수 있는 것들입니다. 마인드풀니스를 통해 얻을 수 있는 것도 이와 같습니다."

마인드풀니스는 형식적으로는 명상에 가깝지만, 그 의미를 생각하면 육체와 정신, 뇌의 상태를 알아차리기 위한 '마음 운동'이라고 표현하는 것이 더 어울릴지도 모르겠다.

뇌 단련
POINT

마인드풀니스는 종교적 행위가 아닌 '마음 운동'이다.

하루 몇 분간 '뇌 훈련 좌선'으로 마인드풀니스에 다가간다

그렇다면 '마음 운동'은 어떻게 할 수 있을까?

내가 마인드풀니스에 이르기 위해 날마다 실천하는 방법을 소개하겠다. 나는 이를 '뇌 훈련 좌선'이라고 부른다.

뇌 훈련 좌선 시작하기

① 집중에 방해가 되지 않도록 아무것도 보이지 않는 벽을 향해 앉는다

　(의자에 앉아도 좋고, 바닥에 앉아도 좋다)

② 자세를 바로 하고 온몸의 힘을 뺀다

③ 가볍게 허리를 숙여 절을 한다

④ 얼굴은 정면을 향하고, 눈을 뜬 채 시선을 조금 아래로 떨어뜨린다

⑤ 어깨에 힘이 들어가지 않도록 두 손으로 달걀을 쥐듯 깍지를 끼거나, 손바닥을 위로 향한 채 양손을 각각 허벅지 위에 올려놓는다

⑥ 좌우로 몸을 흔든다(처음에는 크게 흔들다가 점점 진폭을 좁히며 몸의 중심을 잡는다)

⑦ 심호흡을 크게 두 번 하고 나서 평소와 같이 자연스럽게 호흡한다

⑧ 숨을 들이마시고 내뱉으면서 '하나', 다시 숨을 들이마시고 내뱉으면서 '둘' 하고 마음속으로 숫자를 센다('열'까지 세고 나면 다시 '하나'부터 시작한다. 도중에 숫자를 잊어버리거나 열을 넘기면 다시 '하나'부터 시작한다. 이를 일정 시간 동안 반복한다)

뇌 훈련 좌선 마치기

① 좌우로 몸을 흔든다(이번에는 작게 흔들기 시작해 점점 크게 흔든다)

② 가볍게 절을 하고 좌선을 마친다

가장 중요한 포인트는 좌선하는 내내 '호흡'에 집중하는 것이다. 잡념이 떠오르더라도 억지로 떨쳐버리려고 하지 말고 그대로 흘려보낸다.

나는 매일 아침 5~20분 동안 '뇌 훈련 좌선'을 한다. 시간은 길수록 좋지만, 처음부터 긴 시간에 도전하면 힘들게 느껴져서 꾸준히 지속하기 어려우므로, 처음에는 1~3분 정도가 적당하다. 익숙해지고 나면 차츰 시간을 늘려 나간다.

얼마나 길게 하느냐보다 꾸준히 하는 것이 무엇보다 중요하다. 매일 하기가 어렵다면, 일주일에 두세 번이라도 좋으니 꾸준히 지속하기 바란다. 시간대는 하루 중 어느 때라도 좋다. 단, 피곤할 때는 도중에 잠들 수 있으니, 졸리지 않은 시간대를 선택하는 것도 중요하다.

다음으로 마인드풀니스가 뇌에 미치는 영향을 살펴보고자 하는데, 해외에서 이루어지고 있는 연구는 대체로 '마인드풀니스에 이르는 명상'(이하 '마인드풀니스')을 실천하는 사람과 그렇지 않은 사람을 비교하는 것이다.

이들 연구를 해설할 때 '마인드풀니스'라는 용어를 사용할 텐데, '마인드풀니스 명상'과 '뇌 훈련 좌선'을 동의어로 이해해도 무방하다.

뇌 단련
POINT
먼저 하루 1분 '뇌 훈련 좌선'을 시작하자.
시간의 길이보다 꾸준한 실천이 중요하다.

마인드풀니스를 습관화하면
뇌 노화가 멈춘다

　뇌과학 분야에서는 1990년대부터 뇌의 활동을 관찰하기 위해 '기능적 MRI'이라는 장치를 사용하기 시작했는데, 그 덕분에 마인드풀니스를 실천하고 있을 때 뇌의 상태를 더욱 과학적으로 분석할 수 있게 됐다.

　그렇게 알게 된 사실 중 하나는 '마인드풀니스가 뇌의 노화를 방지한다'는 것이다. 뇌는 나이가 들수록 크기가 작아진다. 이를 단순히 '노화현상'으로만 생각하기 쉽지만, 뇌가 위축되는 또 다른 중요한 요인이 있었으니 그것은 '스트레스'다.

만성적인 스트레스는 뇌를 망가뜨리는데, 나이가 들면서 점점 쌓여가는 스트레스 때문에 뇌세포가 파괴되면서 크기가 작아지는 것이다. 그런데 마인드풀니스를 실천하면 그 속도가 현저히 느려진다는 사실이 밝혀졌다.

마인드풀니스를 실천하는 사람은 그렇지 않은 사람에 비해 '전전두엽', '해마', 그리고 '뇌섬엽' 등이 더 두꺼운 것으로 나타났다. 전전두엽은 복잡한 인지 행동, 인격의 발현, 적절한 사회적 행동의 조절에 관여하는 영역이며, 해마는 기억을 관장하고, 뇌섬엽은 앞에서 설명한 바와 같이 '허브'의 역할을 한다. 인간의 뇌는 스트레스 및 노화로 인해 그 피질이 얇아지는데, 마인드풀니스가 이런 현상을 늦추는 작용을 한다는 것이다.

2014년, 미국 하버드대학교 가드(Gard, T.) 박사는 평소 마인드풀니스를 실천하는 32명과 그렇지 않은 15명의 뇌 기능을 수십 년에 걸쳐 조사했다.

앞에서 이야기한 것처럼, 그동안은 나이에 비례해 뇌 기능이 저하하는 것으로 생각돼 왔다. 그러나 이 연구에서는 마인드풀니스를 실천하는 사람들은 70대에도 40대와 같은 뇌 기능을 유지하고 있는 것으로 나타났다. 몸은 노인이 됐지만 뇌 연령은 40대에 멈춘 것이다.

마인드풀니스를 습관화하는 시기가 빠를수록 뇌의 노화도 더 빨리 멈춘다는 사실도 알게 됐다.

　스페인 나바라주립대학교 멘디오로스(Mendioroz, M.) 박사 팀은 마인드풀니스를 실천하면 DNA에 '메틸화(메틸화효소에 의해 메틸기(-CH3)가 첨가되는 것_옮긴이)'라는 작용이 일어나 노화 방지 효과를 낸다는 사실을 발견했다.

　이처럼 하루라도 빨리 마인드풀니스를 시작해 뇌를 활성화하는 것이 노화를 늦추는 비결이다. 그러므로 여러분도 '뇌 훈련 좌선'을 꼭 실천해보기 바란다.

뇌 단련
POINT ： **마인드풀니스를 습관화하면 뇌의 노화를 늦출 수 있다.**

수면의 질을 높이는
마인드풀니스

일본인 다섯 명 중 한 명은 수면장애를 앓고 있을 만큼 현대인의 수면의 질은 심각한 상태다. "잠자리에 들어도 쉽게 잠들지 못한다", "깊은 잠이 들지 않아 자주 깬다", "수면시간은 부족하지 않은데, 왠지 피곤하다" 등 많은 사람이 다양한 형태의 수면장애를 겪고 있다.

수면은 단순히 육체적 휴식을 넘어 매우 효과적인 뇌 활성화 수단이기도 하다. 우리가 잠을 자는 동안 '렘수면(REM, Rapid Eye Movement, 안구가 빠르게 움직이는 수면 단계_옮긴이)'과 '비렘수면(안구의 움직임이 없는 수면 단계_옮긴이)'이 여러 번 반복되는데, 각 수면 단계별로 뇌는 다른 움직임을 보인다.

렘수면 단계에서 대뇌는 활발하게 활동하지만 온몸의 근육은 이완 돼 움직이지 않는다. 반면 비렘수면 단계에서는 뇌도 휴식을 취하며, 눈을 뜨고 활동하는 동안 손상된 세포를 복구하는 '성장 호르몬'이 분비된다. 우리가 활력을 유지하기 위해 질 좋은 수면을 취해야 하는 이유가 바로 여기에 있다.

숙면을 취하지 못하면 머리가 멍하고 업무 효율이 오르지 않는 것은 렘수면과 비렘수면의 균형이 무너졌기 때문이다. 또 양질의 수면을 취하지 않으면 뇌에 노폐물이 쌓이고, 이 노폐물은 뇌의 노화를 촉진한다.

2005년, 캐나다 캘거리대학교 칼슨(Carlson, L.E.) 박사는 '마인드풀니스가 수면의 질에 미치는 영향'을 조사했다. 연구팀은 63명의 피험자에게 1회 60분짜리 마인드풀니스 강습을 8번 실시하고, 집으로 돌아가서도 일주일 동안 마인드풀니스 명상을 1회 45분씩 6번 시행하도록 했다. 그리고 나서 피험자를 대상으로 수면의 질에 관한 설문조사를 실시했다. 응답자의 대답에 따른 결과는 다음과 같았다.

40%는 잠들기까지의 시간이 짧아졌다.

35%는 깊은 잠을 잘 수 있게 됐다.

33%는 수면시간이 길어졌다.

23%는 수면제에 의지하지 않고도 잠들 수 있게 됐다.

14%는 낮 동안 졸리지 않게 됐다.

11%는 아침까지 깨지 않고 잘 수 있게 됐다.

이처럼 마인드풀니스는 수면에 좋은 영향을 미친다.

'뇌 훈련 좌선'을 10년 가까이 실천하고 있는 나 또한 전보다 수면시간이 짧아졌는데도 아무 문제 없이 생활하고 있다.

나의 평균 수면시간은 약 5시간 반이다. 가끔 15 ~ 20분 정도 짧은 낮잠을 잘 때도 있지만, 그래도 여전히 6시간이 채 되지 않는다. 이는 일반적인 사람의 평균 수면시간보다 짧은 축에 속한다.

물론 사람마다 적절한 수면시간은 다르겠지만, 현재로서 나는 5시간 반만 자도 종일 쾌적한 컨디션으로 생활할 수 있다. 특히 '뇌 훈련 좌선'을 두세 시간가량 한 날에는 평소보다 더 잘 잔다. 내 아내 클레어도 비슷한 체험을 하고 있는 것을 보면 역시 마인드풀니스를 실천하는 것, 즉 '뇌 훈련 좌선'이 수면의 질을 높이는 것은 분명한 듯하다.

뇌 단련
POINT
: '뇌 훈련 좌선'을 실천하면 수면의 질이 높아져 꿀잠을 자게 된다.

시험 점수를 크게 높이는 마인드풀니스

마인드풀니스를 실천하는 것만으로도 '시험 점수가 크게 오른다'는 연구 결과가 있다. 그중 하나는 2013년 미국 캘리포니아 대학교 산타바바라캠퍼스 므라젝(Mrazek, M.D.) 박사 팀의 연구다.

연구팀은 먼저 48명의 학생을 두 그룹으로 나눈 뒤, 한 그룹에는 마인드풀니스 강좌를, 다른 한 그룹에는 영양학 강좌를 2주 동안 1회 45분씩 주 4회 수강하게 한 후 독해력 테스트를 치르게 했다.

그 결과 영양학 강좌를 들은 그룹의 성적에는 변화가 없었지만, 마인드풀니스 강좌를 들은 그룹은 성적이 크게 올랐으며, 상대 순위도 16%나 상승했다. 이는 마인드풀니스를 통해 학습하고 시험을 치르는 그 순간에 잡념 없이 오롯이 집중할 수 있도록 뇌가 변화하고 성장했기 때문이다.

또 2012년 이스라엘 네게브-벤구리온대학교에서는 53명의 피험자를 두 그룹으로 나눠 마인드풀니스가 창조성(사고의 유연성)에 어떤 영향을 미치는지 조사했다.

조사 결과, 마인드풀니스를 5주간 매일 25분씩 실천한 그룹은 마인드풀니스를 실천하지 않은 그룹에 비해 창조성 점수가 1.5배나 높게 나타났다. 이 중 마인드풀니스를 3년 이상 실천한 14명은 5주간 실천한 그룹보다 3배 가까이 높은 점수를 얻었다.

이들 연구 결과만 보더라도 마인드풀니스를 실천하는 것이 학업에 큰 도움이 된다는 것을 알 수 있다.

뇌 단련
POINT : **마인드풀니스는 학업 성적 향상에도 도움이 된다.**

면역력과
마인드풀니스의 관계

"언제까지나 젊음과 건강을 유지하며 장수하고 싶다."

사람이라면 누구나 이런 소망을 가지고 있을 것이다.

그간 다양한 분야에서 장수의 비결에 관한 연구가 이루어져 왔는데, 마인드풀니스 분야도 예외는 아니다.

1989년, 미국 마하리시경영대학교 알렉산더(Alexander, C.N.) 박사는 마인드풀니스가 수명과 건강에 미치는 영향을 알아보기 위해 평균 연령 81세의 고령자 73명을 대상으로 3년간 추적조사를 실시했다.

그 결과 마인드풀니스 명상을 매일 아침, 저녁 20분씩 꾸준히 실천한 고령자 그룹에서는 3년 후 사망자 0명, 사망률 0%를 기록했다. 반면 마인드풀니스를 실천하지 않은 고령자 그룹의 3년 후 사망률은 12%였다. 또 마인드풀니스 명상을 실천한 고령자에게는 치매 증상이 거의 나타나지 않았지만, 마인드풀니스를 실천하지 않은 고령자의 인지기능 점수는 30%나 낮았다.

이는 마인드풀니스를 실천하지 않은 고령자는 상대적으로 치매에 걸릴 위험이 높음을 의미한다. 학습능력 테스트에서도 마인드풀니스를 실천한 사람의 점수가 실천하지 않은 사람보다 40%나 높았다.

면역력과 마인드풀니스의 관계를 조사한 연구도 있다. 면역력이란 질병을 일으키는 바이러스나 세균과 같은 외부의 적으로부터 인체를 스스로 보호하는 능력을 말한다. 호시탐탐 우리 몸을 노리는 병원체를 무력화하는 것이 면역기능이다.

2001년 미국 위스콘신대학교 데이비드슨(Davidson, R.J.) 박사 팀은 면역력과 마인드풀니스에 관한 연구 결과를 발표했다. 연구팀은 먼저 피험자 41명을 마인드풀니스를 실천하는 25명과 실천하지 않는 16명의 두 그룹으로 나눴다.

마인드풀니스를 실천하는 그룹은 8주에 걸쳐 매주 3시간씩 마인드풀니스 강의를 수강하고, 일주일에 6일 하루 1시간씩 마인드풀니스 명상을 실천했다.

8주 후 피험자의 뇌 활성도와 면역력을 측정한 결과, 마인드풀니스를 실천한 그룹의 면역력은 30%나 높아졌다. 더욱 흥미로운 사실은 마인드풀니스의 효과를 크게 느낄수록 실제 면역력도 높게 나타났다는 점이다.

뇌 단련 POINT	마인드풀니스를 실천하면 면역력은 높아지고 치매 위험도는 낮아진다.

다이어트 실패는
'스트레스' 탓이다

"허리둘레가 신경 쓰인다." "조금 더 날씬해지고 싶다."

많은 사람이 이렇게 말하며 날씬한 몸매를 원한다.

'세계비만실태조사'에 따르면 전 세계의 과체중 및 비만 인구는 1980년 8억 8,500만 명에서 2013년 21억 명으로 급증했다. 약 35년 만에 세계적으로 비만 인구의 비율이 2.5배나 증가한 셈이다.

일본의 상황은 어떨까? 후생노동성이 발표한 데이터에 따르면 20~60대 성인 중 남성의 약 30%, 여성의 약 20%가 비만이라고 한다 (우리나라 보건복지부 '국민건강영양조사'에 따르면, 만 19세 이상 한국인의 비만율은 2019년 현재 33.8%, 남성 41.8%, 여성 25.0%다_옮긴이).

마인드풀니스가 다이어트에 영향을 미친다는 연구 결과도 있다.

2011년, 미국 캘리포니아대학교 샌프란시스코캠퍼스의 도벤마이어 (Daubenmier, J.) 박사는 41명의 비만 여성 중 21명에게 4개월간 마인 드풀니스 프로그램을 수강하게 했다.

그 결과 마인드풀니스를 실천한 21명은 나머지 20명에 비해 '복부 지 방'과 '스트레스 호르몬'의 양이 감소했다.

스트레스 호르몬과 다이어트는 무관할 것 같지만 사실은 그렇지 않다.

먹은 음식이 모두 소화돼 혈중 포도당과 인슐린의 농도가 낮아지면 시상하부 등의 부위가 자극을 받아 배고픔을 느끼게 된다. 그런데 만 성적으로 스트레스를 느끼는 상황에서는 '가짜 배고픔'의 신호가 나온 다고 한다.

우리가 스트레스를 느끼면 뇌의 편도체와 시상하부가 활성화돼 스 트레스 호르몬의 분비가 촉진된다. 일시적인 스트레스는 식욕을 떨어 뜨리지만, 만성화되면 스트레스에 대항하기 위한 에너지를 비축하고자 식욕을 일으킨다. 결국 배가 고프지 않아도 음식을 먹게 되는 것이다.

그러나 마인드풀니스 명상을 하면 혈중 스트레스 호르몬 농도가 낮아져 '가짜 배고픔'을 느끼지 않게 되므로 살이 찌지 않는다.

뇌 단련
POINT
: 마인드풀니스로 혈중 스트레스 호르몬 농도를 낮추면 다이어트에 성공할 수 있다.

요통, 두통 등
통증이 가라앉는다

　"머리가 아프다", "허리가 아프다"며 고질적인 통증을 호소하는 사람들이 있다. 그런데 마인드풀니스가 허리 통증을 완화하는 효과가 있다는 연구 보고가 발표됐다.

　2011년, 미국 웨이크포레스트대학교의 자이단(Zeidan, F.) 박사는 만성 요통 환자 18명을 대상으로 4일간 마인드풀니스 훈련을 실시했다. 그 결과 만성 요통은 40%, 허리의 불쾌감은 57%나 줄어들었다.

　만성 통증은 때로 '플라세보 효과(위약 효과)'로 호전되기도 한다. '플라세보 효과'란 약이나 의료 시술에 대한 믿음으로 인해 가짜 약이나 시술로도 치료 효과가 나타나는 현상을 말한다.

마인드풀니스에 의한 진정 효과도 플라세보 효과의 일종이라고 생각할 수 있지만, 이 둘은 뇌의 활성 양상이 서로 다른 것으로 밝혀졌다. 마인드풀니스에 의한 진정 효과는 '통증을 느낄 때의 뇌 활동 패턴'을 무너뜨림으로써 나타난다.

단, 마인드풀니스는 만병통치약이 아니라는 점을 기억해야 한다. 허리의 통증을 느끼는 것은 실제로 근육이나 신경이 손상된 경우와 허리가 아프다고 느끼는 '뇌 활동 패턴'이 습관화된 경우를 생각할 수 있다. 이 중 마인드풀니스를 통해 통증이 완화되는 경우는 후자다.

두통에 대한 마인드풀니스의 효과를 연구한 결과도 있다.

2014년, 웨이크포레스트대학교의 웰스(Wells, R.E.) 박사는 만성 두통 환자 19명을 대상으로 10명에게는 마인드풀니스를 실천하게 하고, 나머지 9명에게는 표준치료법을 적용했다. 마인드풀니스 그룹은 한달 동안 일주일에 최소 5일, 하루 45분씩 마인드풀니스 명상을 하게 했다.

그 결과 마인드풀니스 그룹은 두통을 느끼는 횟수가 하루 평균 1.4회 감소했고 통증의 강도도 줄어들었다. 두통이 지속되는 시간도 표준

치료법을 적용한 그룹보다 짧아졌다.

뇌 단련
POINT

마인드풀니스는 요통이나 두통과 같은 통증을 완화하는 효과가
있다.

'플로 상태'는
일을 척척 해내게 한다

지금까지 마인드풀니스가 신체에 미치는 영향에 관해 이야기했는데, 이제부터는 '정신'에 미치는 영향을 살펴보고자 한다.

당신은 다음과 같은 상태를 경험한 적이 있는가?

"정신이 완벽한 조화를 이루며 충만한 느낌이 들고, 고도의 집중력을 발휘하면서도 마치 무중력 공간에 있는 듯 몸이 가볍고 피로감이 전혀 없는 상태. 왠지 마음이 설레고, 굳이 애쓰지 않아도 일이 착착 진행되는 상태. 일과 내가 혼연일체되고, 외부 환경과도 완벽한 조화를 이루어 기분이 좋은 상태."

과연 이런 상태가 존재할까 의문이 들겠지만, 실제로 존재한다고 한다. 이를 '플로(Flow)' 또는 '존(Zone)'이라고 한다.

뇌과학 분야에서도 이에 관한 연구가 진행돼 왔다.

플로 상태는 체험자의 주관적인 느낌이므로 과학적 연구는 불가능하다고 생각할지 모르지만, 최근 매우 흥미로운 연구 결과가 발표됐다.

스페인 바르셀로나대학교 몬툴(Montull, L.) 박사 팀은 슬래클라이닝(slacklining)을 할 때 몸이 유연하게 움직이는 정도를 통해 플로 상태를 감지할 수 있다는 사실을 밝혀냈다.

슬래클라이닝은 우리가 잘 아는 '줄타기'를 말한다.

최근 신종 스포츠로 주목받으며 국제 경기도 개최되고 있는데, 슬래클라이닝 세계 챔피언은 무려 길이 1㎞의 줄 위를 흐트러짐 없이 걸을 수 있다고 한다.

지면에서 줄까지의 높이는 600m, 총 소요 시간은 1시간 15분. 안전로프가 연결돼 있다고는 해도, 한순간이라도 균형이 무너지면 추락할 가능성이 있기 때문에 줄 위를 걷는 동안은 고도의 집중력을 발휘해야 한다.

이 연구는 선수의 주관적 느낌과 줄 위에서의 움직임을 바탕으로 플로 상태를 과학적으로 감지하고자 하는 시도였다. 연구 결과 '몸의 움직임이 매우 유연하고 거침없는 순간'과 '선수가 주관적으로 플로 상태를 느끼는 순간'이 일치하는 것으로 나타났다.

미국 에모리대학교 헤이젠캄프(Hasenkamp, W.) 박사 팀은 마인드풀니스를 오랫동안 실천한 사람들의 뇌는 집중력이 높아지는 방향으로 변화한다는 연구 결과를 발표했다.

변화가 일어나는 부위 중 하나는 '뇌섬엽'이다. 뇌섬엽의 활성도가 높아지면 더 빨리 집중할 수 있게 된다. 세계 무대에서 활약하는 스포츠 선수들이 결정적인 순간에 유감없이 실력을 발휘하는 것도 뛰어난 집중력 덕분이다. '실수하면 어쩌나…', '패배하면 어쩌나…' 하는 잡념을 모두 내려놓고, '지금 이 순간'에 온전히 몰입하기에 눈부신 성과를 거두는 것이다.

마인드풀니스를 실천하면 플로 상태에 쉽게 도달할 수 있다. 전 세계인의 사랑을 받은 뮤지션이자 댄서였던 마이클 잭슨은 생전 인터뷰에서 "어떻게 하면 당신처럼 춤을 잘 출 수 있을까요?"라는 질문에, "그건 너무 쉽다. 당신이 음악이 되면 된다"고 대답했다.

그는 춤을 출 때 그야말로 '플로 상태'에 있었던 것이다. 지금 하고자 하는 일에 온전히 몰입하면 잡념이 얼굴을 들이밀 여지가 없다.

'멋지게 춤추는 모습을 사람들에게 보여줘야지', '춤을 잘 춰서 환호를 받아야지' 하는 잡념을 버리고, 그저 음악 그 자체가 된다. 그는 집중과 이완이 공존하는 상태에서 무아지경으로 춤을 추었던 듯하다.

이처럼 무아지경에 빠질 만큼 고도의 집중력을 발휘할 수 있는 플로 상태에 도달하면 그 어떤 일도 힘들이지 않고 척척 해낼 수 있다.

뇌 단련
POINT : 마인드풀니스를 실천하면 '플로 상태'에 도달할 수 있다.

마인드풀니스는
불안감을 줄인다

부정적인 생각이나 불안감이 전혀 없는 사람은 없을 것이다. 사람이라면 누구나 마음에 부담이 되는 생각을 하나쯤 안고 산다.

그런데 마인드풀니스에는 이런 부정적 생각이나 감정을 줄이는 효과가 있다.

미국 하버드대학교 세빈치(Sevinc, G.) 박사 팀은 다음과 같은 연구를 실시했다. 59명의 피험자를 두 그룹으로 나눈 뒤, 8주간 한 그룹에는 마인드풀니스 프로그램을, 다른 그룹에는 스트레스 매니지먼트 프로그램을 수강하게 한 후 스트레스가 얼마나 감소했는지 조사했다.

그 결과 마인드풀니스 그룹의 스트레스는 4.57포인트, 스트레스 매니지먼트 그룹의 스트레스는 3.68포인트 감소했다.

이 중 마인드풀니스 그룹은 불안감이 감소함에 따라 기억을 관장하는 해마와 해마 주변 영역의 연결 상태에 변화가 나타났다. 해당 영역은 해마에서 불안과 공포의 기억을 끄집어내는 데 관여하는 것으로 알려져 있는데, 이 영역이 안정되면 불안을 느끼게 하는 기억을 잘 조절할 수 있을 것으로 여겨지고 있다.

또 피험자가 불안을 느끼는 정도와 다른 뇌 영역의 변화 사이의 관계를 조사한 결과, 불안감이 감소하는 정도가 클수록 불안을 야기하는 편도체의 크기가 작아지는 등 뇌 회로에도 변화가 일어나는 것으로 밝혀졌다.

마인드풀니스는 단순히 일시적으로 마음을 진정시키는 것을 넘어, 불안감을 잘 다스릴 수 있도록 뇌를 변화시킨다.

뇌 단련
POINT : 마인드풀니스로 '지금 이 순간'에 집중하면 불안한 마음도 줄어든다.

화가 줄고 자신을 있는 그대로 받아들이게 된다

화가 치밀어 오르고 감정적으로 행동하게 되는 이유 중 하나는 '~해야 한다', '~해서는 안 된다', '~여야 한다'며 집착하는 것이다. 만약 자기 뜻대로 일이 풀리지 않으면 '~했어야 하는데 되지 않았다', '~해야 하는데 저 사람 때문에 안 됐다'며 부아가 치밀어 오른다.

우리 뇌에는 '네거티브 바이어스'와 '뇌의 맹점'이라는 특성이 있는데, 이 또한 화가 많아지는 원인이다. 앞에서도 설명했지만 '네거티브 바이어스'는 사물의 부정적 측면에 초점을 맞추게 한다.

그리고 '뇌의 맹점'이란 겉으로 드러난 면에만 주목하고 그 이면은 보지 못하는 것을 말한다.

지금으로부터 10년 전쯤 우리 회사가 뇌 트레이닝 연수를 제공했던 기업에서 있었던 일이다.

연수 참가자 가운데 매우 성실하고 열심인 청년 사원이 있었다. 그런데 갑자기 그가 회사를 그만둔다는 소식이 들려왔다. 회사 사장에게 연유를 물으니, 무척이나 격앙된 어조로 "맡은 일을 단 하나도 제대로 하지 않길래, '일할 마음이 없으면 하고 싶은 마음이 드는 일을 찾는 것이 본인을 위해서도 좋지 않겠느냐'고 충고했다"는 것이었다.

사실상 해고를 당한 그 청년이 어쩐지 마음에 걸려서, 나는 그에게 개인적으로 연락해 둘만의 자리를 마련했다.

그에게 들은 자세한 내막은 이랬다.

"저는 사장님을 아버지처럼 생각하며 열심히 일했습니다. 사장님이 어떤 일을 시키든 제 나름대로는 진지하게 임했습니다. 저는 영업 담당이었는데, 어느 날 사장님이 제가 잘 모르는 다른 분야의 업무를 추가로 맡기셨습니다. 작은 회사라서 그 분야의 전문 인력이 없었기 때문에, 영업을 뛰면서 개인적으로 공부하며 그 일을 병행하려고 했습니다. 그런데 일주일 후 사장님이 시킨 일을 다 했느냐고 물어보셔서 아직 끝내지 못했다고 대답하자, 그럼 다른 일을 해보라며 제가 잘 모르는 또 다른 분야의 일을 맡기셨습니다. 이번에도 이것저것 알아보며 차근차근 진행하려고 했는데, 다시 일주일 후에 일이 다 끝났는지 물어보셨습니다. 아직 끝내지 못했다고 하자 또다시 새로운 일을 맡기셨습니다. 이런 일이 몇 달 동안 되풀이됐는데, 결국 어느 날 '일할 마음이 없으면 다른 일을 찾아보라'라는 말을 들었습니다. 너무 억울했지만 어쩔 수 없이 사표를 내고 말았습니다."

사람은 누구나 '뇌의 맹점'을 가지고 있다. 상대를 깊이 이해하지 못하고 일방적인 판단으로 '나태한 사람'이라는 꼬리표를 붙이다니…….

그 청년에게 벌어진 일이 너무도 안타까워서 마음이 아팠다. 다행히 그 후로 그는 새로운 일도 찾고 좋은 사람을 만나 결혼도 하고 행복한 인생을 살고 있다고 한다.

마인드풀니스를 꾸준히 실천하면 '네거티브 바이어스'와 '뇌의 맹점'이 점점 약해진다. 그래서 다른 사람에게 책임을 전가하지 않는 방향으로 사고를 전환할 수 있다.

농사를 지으면서 기대만큼 작황이 좋지 않다고 해서, 작물을 벌하려고 물을 주지 않거나 베어버리는 농부는 없다. 진정한 농부는 정성껏 땅을 일구고 날마다 물을 주고, 필요하다면 비료도 주며 바람에 쓰러지지 않도록 버팀목을 대는 등 온갖 수고를 마다하지 않는다.

마인드풀니스를 꾸준히 실천하면 '자연의 섭리'를 깨닫게 된다고 여러 연구 결과는 말한다.

또 마인드풀니스를 지속하면 자기 자신을 있는 그대로 받아들이게 되어 에너지를 낭비하지 않게 된다.

과거의 나는 '있는 그대로'라는 말을 듣고, '안이한 생각이다. 현재에 안주해 성장하지 못할 것이다. 그러므로 더 가열차게 채찍질해야 한다'고 생각했다. 그러나 그것은 열대우림에서 자라야 할 나무를 타들어 가는 사막에서 키우고, 건조한 환경을 좋아하는 식물을 고온다습한 지역으로 옮겨 심는 것과 다르지 않다는 사실을 깨달았다.

자신과 타인을 '있는 그대로' 바라본다는 것은 그 사람이 가장 빛나는 상태, 가장 잘 성장할 수 있는 상태를 발견하는 것이다. 현실에 안주하고 나태해지는 것과는 전혀 다르다.

아직도 갈 길이 멀지만 나 자신을 포함해, 사람이 가장 빛나는 상태가 무엇인지 진지하게 생각할 줄 아는 인간으로 조금씩 변화하고 있는 듯하다. 그리고 마인드풀니스를 통해 감정이 고요해지자 전보다 가슴 설렘을 더 잘 느끼게 됐다. 이처럼 좋은 의미의 '냉정'이 상황을 타개하는 데 더 도움이 된다는 점을 기억하길 바란다.

뇌 단련
POINT : **마인드풀니스를 꾸준히 실천하면 삶이 신나고 즐거워진다.**

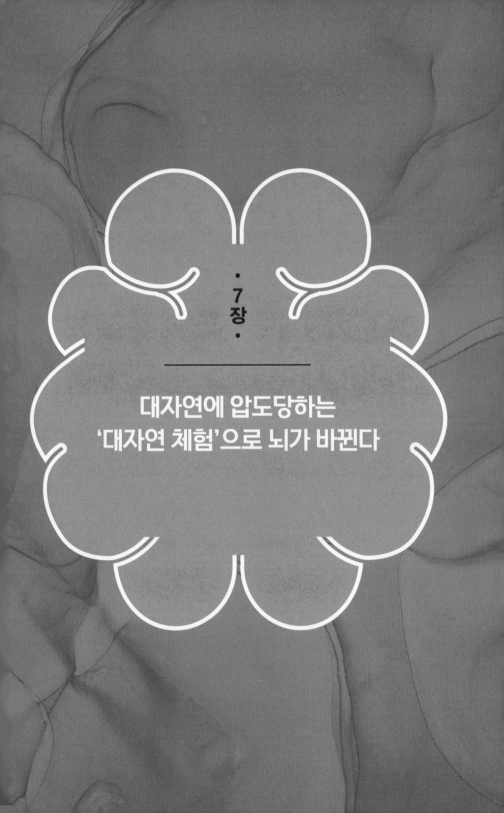

· 7 장 ·

대자연에 압도당하는
'대자연 체험'으로 뇌가 바뀐다

등산, 캠핑, 물놀이를 하러 떠난 곳에서
대자연에 압도당하는 경험을 해본 적이 있는가?

드넓은 초원과 망망대해, 별이 쏟아지는 밤하늘처럼
눈앞에 펼쳐진 대자연에 마음이 크게 요동치는 경험 말이다.

이런 경험이 **뇌에 매우 긍정적인 영향을 미친다**는 사실이 밝혀졌다.

뇌과학에서는 대자연과 우주 앞에서 '자신이 얼마나 미미한
존재인지'를 깨닫는 경험을 '대자연 체험'이라고 부른다.

**'대자연 체험'을 한 사람은 뇌가 활성화돼 세상을 위해,
그리고 다른 사람을 위해 무언가 하고 싶다는 의지가 더
잘 생겨나는 등 많은 이점을 누린다.**

7장에서는 '대자연 체험'에 관해 이야기하고자 한다.

대자연 앞에서 '미미한 자신'을 발견할 때 뇌는 활성화된다

끝없이 펼쳐진 하늘 아래서 '저 광활한 우주에 비하면 나는 얼마나 미미한 존재인가' 하는 생각이 들거나, 산 정상에 올라 굽이굽이 이어지는 산등성이와 운해를 내려다보며 대자연의 유구함에 압도당하는 경험을 뇌과학에서는 '대자연 체험'이라고 한다.

그리고 여러 연구를 통해 '대자연 체험'을 할 때 우리 뇌가 매우 활성화된다는 사실이 밝혀졌다.

캐나다 토론토대학교 스텔라(Stellar, J.E.) 박사 팀은 '대자연 체험은 자신을 미미한 존재로 인식하게 해 겸허한 마음을 갖게 한다'는 가설을 세우고, 누계 977명의 피험자를 대상으로 이를 검증했다. '대자연 체험'을 한 피험자들은 "세상이 다르게 보이기 시작했다", "인간 또한 자연의 일부라는 사실을 깨달았다"고 대답했는데, 이를 통해 '대자연 체험'을 하면 마음이 겸허해진다는 사실을 알게 됐다. 또 마음이 겸허해지면 타인에게도 관심을 기울이게 되고, '나의 성공은 주위 사람의 도움 덕분'이라며 감사하는 마음을 갖게 된다는 것도 알게 됐다.

'대자연 체험이 겸허한 마음을 갖게 한다'는 결과는 미국 존템플턴재단의 연구에서도 밝혀졌다.

나 또한 대자연 앞에서 내 존재에 대한 자부심을 느끼기보다는, 대자연의 유구한 역사 속에서 나는 '작은 점'에 불과하다는 점을 깨닫고 마음이 겸허해지는 경험을 했다. 이는 타인과 나를 비교하며 자신을 '하찮은 존재'로 비하하는 것과는 다르다.

아득한 시간 동안 존재해온 우주와 광대한 자연 앞에서 '자신의 미미함'을 깨달을 때 인간은 겸허해지고 오롯이 감사하는 마음을 갖게 된다. 그리고 긍정적인 마음가짐으로 이 세상과 타인에게 도움이 되는 존재가 되고 싶은 마음이 샘솟는다. 이때 우리 뇌는 평소의 수십 배, 때로는 수백 배나 활성화된다.

뇌 단련 POINT : '대자연 체험'을 통해 뇌가 활성화되고 마음이 겸허해지면 감사하는 마음과 이타심이 생겨난다.

100년 후의 미래를 위해 행동하게 된다

　일상생활 속에서 실수를 저지르거나 창피를 당하거나 스스로 무능하게 여겨질 때도 우리는 자기 존재의 미약함을 느낀다. 이 경우에는 부정적인 생각에 사로잡히며 심적으로 매우 위축된다.

　반면 '대자연 체험'을 통해 느껴지는 자기 존재의 미미함은 사람을 겸허하게 만든다. 그것은 긍정적인 마음으로 세상과 타인에게 도움이 되는 존재가 되고 싶다는 생각이 들게 한다. 이때 우리는 '인생의 목적'을 발견하게 된다.

　중국 베이징사범대학교 자오(Zhao, H.) 박사 팀은 563명의 피험자를 대상으로 '대자연 체험을 잘할 수 있는 뇌 사용법'과 '인생의 목적을 갖는 것'의 상관관계를 조사했다. 그 결과 대자연 체험을 자주 하는 사람은 명확한 '인생의 목적'을 가지고 있다는 사실이 밝혀졌다.

중국 광저우대학교 리(Li, J.-J.) 박사 팀은 '대자연 체험'이 '사회적 행동'에 어떤 영향을 미치는지 조사했다. 그 결과 대자연 체험을 하면 시간 감각이 미래로 연장돼 사회적 행동을 취하게 된다는 결과를 얻었다.

'시간 감각이 미래로 연장된다'는 것은 미래를 그저 '아직 도래하지 않은 막연한 시간'으로 치부하는 것이 아니라, 자신이 살고 있는 '지금'과 같은 감각으로 인식하는 것을 말한다.

지금부터 100년 후의 미래는 대다수 사람에게 자신이 죽고 난 이후의 세상이다. 그 시간을 '나는 어차피 죽고 없을 테니 상관없다'고 여기는 것이 아니라, 지금 이 순간을 임하는 것과 같은 감각으로 바라보는 것이다. 이는 미래 또한 현재와 동일한 가치를 지니는 시간이라고 생각하기에 가능한 일이다.

이런 감각을 지니면 '사회적 행동'을 취할 가능성이 커진다.

생각이 미래에 미치지 못하는 사람은 근시안적 사고방식을 지니기 쉽다. '지금 좋으면 그만이다', '지금 당장 득이 되는 일을 하면 된다'는 생각에 그치는 것이다.

그러나 미래를 진지하게 생각하는 사람은, 가령 온난화로 인한 지구 환경 악화를 조금이라도 막아보고자 자신이 할 수 있는 일이 무엇인지 생각하게 된다. 환경에 부담을 주지 않으려고 참고 희생하는 차원에 머무르지 않고, 어떻게 하면 사회적으로 온난화에 대처할 수 있을지 더 적극적으로 아이디어를 내고 행동하게 된다.

또 현재와 같은 감각으로 미래를 생각하는 사람은 장기적인 목표에 주목하므로 일시적인 쾌락이나 유혹에 흔들리지 않으며, 균형 잡힌 사고를 통해 새로운 방향을 모색하고 지혜를 짜낸다고 연구 결과는 말한다.

앞에서 든 예시로 말하자면 온난화 방지를 위한 개인적인 노력은 물론, 온난화로 인해 일자리를 잃어버리는 등 고통받는 사람들에게도 관심을 기울이게 되는 것이다. 반면 대자연 체험을 하지 못한 뇌는 단기적인 사안에 주목하는 경향이 있다고 한다.

2,000명 이상의 피험자를 대상으로 이루어진 미국 캘리포니아대학교 어바인캠퍼스 피프(Piff, P.K.) 박사 팀의 연구에서는 '대자연 체험은 관용의 마음을 끌어내며, 자신의 미약함을 깨닫고 겸허한 마음을 갖게 만들고 사회적 행동을 하게 되며, 더욱 도덕적인 판단을 내리게 된다'는 결과를 얻었다.

즉, 인간은 '대자연 체험'을 통해 현재는 물론 미래 사회에 도움이 되는 일을 하고자 생각하게 된다는 것이다.

5장에서 '이타심'은 '풍요롭고 행복한 삶'으로 이어진다고 설명했는데, '대자연 체험'은 '시공간을 초월한 이타심'으로 이어진다.

뇌 단련
POINT
: '대자연 체험'을 하면 시공간을 초월해 미래 사회에 도움이 되고자 하는 마음을 갖게 된다.

'인터류킨-6' 농도가 낮아져 수명이 길어진다

여러 연구를 통해 '대자연 체험이 몸과 마음에 놀라운 효과를 가져다준다'는 사실이 밝혀지고 있다. 그중 몇 가지를 살펴보자.

앞에서 소개한 캐나다 토론토대학교 스텔라 박사 팀은 '대자연 체험과 건강의 관계'도 연구했는데, 대자연 체험을 자주 하는 사람은 '인터류킨-6'의 농도가 낮게 유지된다는 결과를 발표했다.

2장에서 설명한 것처럼 인터류킨-6는 인체가 만성적인 염증 상태에 있을 때 분비되는 물질로, 만성 염증은 수명을 단축한다. 이를 뒤집어 말하면 인터류킨-6 농도가 낮으면 건강을 유지하며 오래 살 수 있다는 뜻이다.

참고로 코로나바이러스감염증-19 바이러스에 감염돼 급격하게 중증으로 발전하는 주요 원인 중 하나는 인터류킨-6가 대량으로 방출돼 사이토카인 폭풍을 일으키는 것이라고 알려져 있다.

미국 존템플턴재단의 연구에 따르면 대자연 체험을 하면 통찰력을 얻게 된다고 한다.

반대로 대자연 체험을 하지 못한 사람은 흥미롭고 재미있는 이야기에 약해 쉽게 설득당하는 경향이 있다고 한다. 설사 그것이 사기꾼의 말이라 하더라도 의심 없이 믿어버린다는 것이다. 반면 대자연 체험을 한 사람은 높은 통찰력을 지니고 있기 때문에 쉽게 속아 넘어가지 않는다.

미국 애리조나주립대학교 시오타(Shiota, M.N.) 박사는 대자연 체험의 특징을 다음과 같이 정리했다.

① 마인드풀니스를 했을 때처럼 사물을 있는 그대로 받아들이게 된다

② 몸과 마음이 편안해진다

③ 호기심이 발동한다

④ 타인과의 심리적 유대가 형성된다

⑤ 이타심이 생겨난다

⑥ 몸이 건강해진다

⑦ 창조적으로 생각하게 된다

⑧ 희망이 차오른다

⑨ 행복감이 커진다

⑩ 질투심과 같은 부정적 감정이 작아진다

이처럼 대자연 체험은 단순한 기분 전환이나 마음 정화에 그치지 않고, 몸과 마음에 구체적으로 좋은 영향을 미친다.

뇌 단련
POINT : **대자연 체험은 몸과 마음에 놀라운 효과를 가져다준다.**

나는 대자연 체험을 하기 쉬운 사람일까, 어려운 사람일까?

　산과 바다, 강으로 떠나는 여행은 대자연의 아름다움을 접할 수 있는 것만으로도 충분히 매력적이지만, 그와 더불어 대자연 체험까지 하게 된다면 여행의 가치는 더욱 더 커질 것이다.

　나도 그런 여행이 하고 싶어서 가족과 함께 가고시마현에 있는 야쿠시마라는 섬을 찾은 적이 있다. 세계자연유산으로 등재된 야쿠시마는 수령 수천 년으로 추정되는 '조몬삼나무(縄文杉)'로 유명하다. 이미 수십 년 전 섬을 방문한 식물학자와 동물학자들은 "유례를 찾아보기 어려운 섬이다", "인류 최고의 보물이다"라며 그 신비로움을 칭송했다.

　현지에 가 보니 실로 아름다운 섬으로, 기대했던 대로 대자연에 압도돼 대자연 체험을 할 수 있었다.

그런데 같은 환경을 접해도 대자연 체험을 하기 쉬운 사람과 그렇지 않은 사람이 있다고 한다.

가고시마 여행 당시에도 나보다는 아내와 딸이 더 강한 대자연 체험을 한 듯했다. 나처럼 이성과 논리가 앞서는 사람보다는, 시시콜콜 따지지 않고 있는 그대로 느끼는 아내와 딸이 더 쉽게 대자연 체험을 하는 것은 당연한 일인 듯하다. 아내와 딸은 공감능력도 나보다 뛰어나서 타인과 세상에 도움이 되고자 하는 마음도 더 크다. 이와 관련된 과학적 근거는 없지만, 자신의 감정을 있는 그대로 받아들이고 이타심과 공감능력이 뛰어난 사람이 더 강한 대자연 체험을 할 확률이 높다는 것은 합리적인 추론이라고 생각된다.

도시에 사는 사람은 자연을 접했을 때 대자연 체험을 하게 되는데, 애초에 자연으로 둘러싸인 환경에서 나고 자란 사람도 대자연 체험을 하는지 궁금해졌다.

안타깝게도 이에 관해 조사한 과학적 연구는 없다. 다만 경험적으로 자연에 둘러싸여 생활하는 사람이야말로 일상적으로 대자연 체험을 하고 있다고 여겨진다.

최근 몇 년간 기업 연수를 제공하기 위해 가고시마현을 방문할 일이 많았는데, 그때마다 가고시마에는 친절한 사람이 정말 많다는 생각을 하게 됐다. 내가 길을 헤맬 때마다 누군가 다가와 친절하게 길을 알려 주는데, 이런 일이 한두 번이 아니었다. 아무튼 도쿄와는 극명한 차이가 있다.

가고시마 시내 일부는 도시적인 느낌이 들기도 하지만, 화산섬인 사쿠라지마가 분화하는 모습을 자주 볼 수 있을 만큼 여전히 대자연의 숨결이 지척에서 느껴지는 곳이다. 이렇게 자연과 더불어 사는 사람들은 자기도 모르는 사이에 대자연 체험을 하고, 그것이 다른 사람을 배려하는 마음으로 이어지는 것 아닐까 생각된다.

뇌 단련
POINT ┊ 매사를 논리적으로 따지는 사람보다는 감정을 있는 그대로 받아들이는 사람이 더 강한 대자연 체험을 할 수 있다.

'대자연 체험'에도 어두운 면은 있다

지금까지 대자연 체험과 같이 대자연을 접하는 경험의 밝은 면을 살펴봤는데, 실은 대자연을 체험하는 데에는 어두운 면도 존재한다.

우리는 때로 대자연 앞에서 공포심을 느끼기도 한다. 2011년 동일본 대지진 당시 발생한 대규모 쓰나미는 자연의 위엄을 여실히 보여줬다.

실제로 쓰나미를 체험한 사람뿐만 아니라, 영상으로 그 광경을 지켜본 사람 또한 대자연 앞에서 인간이 얼마나 무력한 존재인지 실감했을 것이다. 이처럼 대자연을 접할 때 일어나는 감정은 반드시 긍정적이지만은 않다.

대자연은 어떤 사람에게는 대자연 체험과 같은 긍정적 감정을 일으키고, 어떤 사람에게는 부정적 감정을 일으킨다.

같은 밤하늘을 올려다보면서도, '끝을 알 수 없는 저 우주는 얼마나 신비로운가!' 하고 경외감을 느끼는 사람이 있는가 하면, '이 광활한 우주에서 나는 얼마나 하찮고 무력한 존재인가!' 하며 위축되는 사람도 있다.

중국 화난사범대학교 구안(Guan, F.) 박사 팀은 이런 차이가 발생하는 원인 중 하나로 뇌섬엽의 두께를 꼽는다. 연구 결과에 따르면, 뇌섬엽이 두꺼울수록 대자연 체험을 더 쉽게 한다고 한다.

다시 말하지만 '뇌 단련'은 곧 '뇌섬엽'을 단련하는 것이다.

즉, 꾸준히 뇌를 단련해서 뇌섬엽이 두꺼워지면 대자연에서 긍정적인 감정을 느끼는 대자연 체험을 더 쉽게 할 수 있고, 이를 통해 다양한 이점을 누릴 수 있다.

뇌 단련
POINT · **뇌섬엽이 두꺼운 사람은 대자연 체험을 더 쉽게 할 수 있다.**

일상 속에서의
대자연 체험

지금까지 대자연 체험이 가져다주는 이점을 살펴봤는데, 바쁜 현대를 살아가다 보면 대자연을 접할 기회를 좀처럼 얻기 어려운 것이 현실이다.

하지만 걱정하지 않아도 된다. 일상 속에서도 소소한 대자연 체험을 할 수 있기 때문이다. 네덜란드 암스테르담대학교 반 엘크(Van Elk, M.) 박사 팀은 웅장한 대자연의 아름다움을 느낄 수 있는 영상을 보는 것으로도 작은 대자연 체험을 할 수 있다는 연구 결과를 발표했다.

어떤 방식으로든 대자연의 아름다움, 광대함, 유구함을 조금이라도 느낄 수 있다면 그 또한 일종의 대자연 체험이라고 할 수 있다.

다만 이 같은 간접적인 체험으로는 '시간 감각'이 변화하는 효과까지는 얻기 어렵다고 한다.

강렬한 대자연 체험의 특징 중 하나로 '시간 감각의 왜곡'을 들 수 있다.

모든 것이 슬로우모션처럼 느리게 움직이는 듯 느껴지거나, 무언가에 깊이 몰입한 나머지 긴 시간이 찰나처럼 느껴지는 듯한 현상이 일어나는 것이다. 이는 대자연 체험이 플로 상태를 유발하기 때문으로 여겨진다.

참고로 밤거리를 수놓는 화려한 네온사인으로는 대자연 체험을 할 수 없다고 하니, 대자연 체험은 인간의 상상을 초월하는 감각을 느낄 때 비로소 가능한 듯하다.

대자연 체험은 그것을 통해 마음이 겸허해지고 세상과 타인을 위하는 이타심이 커질 때 의미가 있다. 풍요롭고 행복한 삶을 살기 위해서는 뇌가 활성화되는 것이 중요하다.

그리고 뇌를 활성화하는 방법이 지금까지 설명한 '뇌 단련'이다.

매사에 감사하는 것, 긍정적 마인드를 지니는 것, 마음이 통하는 사람들과 함께하는 것, 이타심을 기르는 것, 마인드풀니스를 위한 뇌 훈련 좌선을 실천하는 것 등. 즉, 대자연 체험을 하지 못하더라도 뇌를 꾸준히 단련하면 같은 효과를 얻을 수 있다.

뇌 단련
POINT
: 대자연의 아름다움, 광대함, 유구함을 느낄 수 있는 영상을 보는 것으로도 작은 대자연 체험을 할 수 있다.

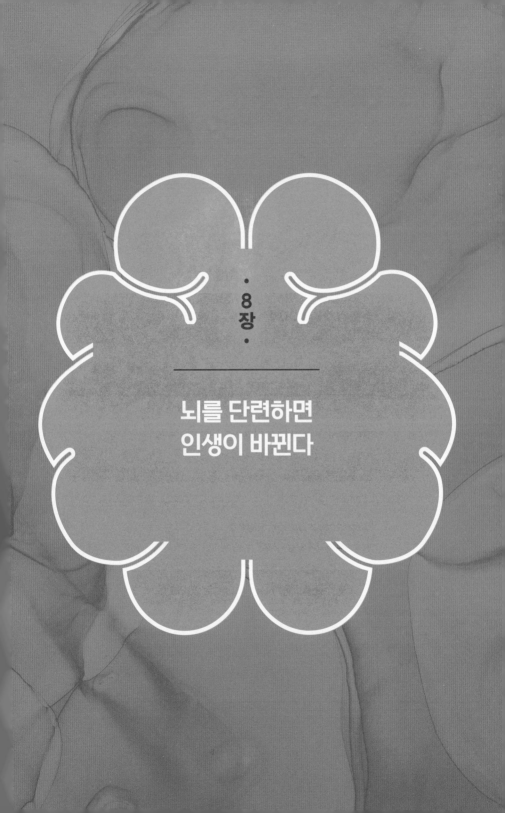

· 8
장 ·

뇌를 단련하면
인생이 바뀐다

지금까지 '뇌 단련' 방법 여섯 가지를 소개했다.

① 매사에 감사하기
② 긍정적 마인드 지니기
③ 마음이 통하는 사람들과 함께하기
④ 이타심 기르기
⑤ '마인드풀니스' 실천하기
⑥ '대자연 체험'하기

이는 뇌에서 '이기심'이라는 불순물을 제거해
셀프리스에 다가가게 함으로써 뇌를 활성화한다.
또 각각의 방법은 몸과 마음에 실제로
좋은 영향을 미친다는 사실이 과학적으로 입증됐다.
이 중 무엇이든 좋으니 일상생활에 하나씩 도입해보길 바란다.

8장에서는 **여섯 가지 '뇌 단련' 방법을 실천하면
더 나은 미래를 만들 수 있다**는 점을 이야기하며
이 책을 마무리짓고자 한다.

큰 뜻을 품고 사는 사람의 뇌세포는 쉽게 파괴되지 않는다

나는 무엇을 위해 살고 있는 걸까. 내 삶의 이유는 무엇일까.

'뇌 단련'을 실천하면 삶의 이유와 목적을 발견할 수 있다. 그리고 그것이 크고 높을수록 몸과 마음에 여러 좋은 영향을 미친다는 사실이 과학적으로 밝혀졌다.

미국 마운트시나이병원 코헨(Cohen, R) 박사 팀은 13만 6,265명의 데이터를 분석해 사람이 '뜻(인생의 목적)'을 품으면 여러 질병의 위험이 경감된다는 사실을 알아냈다.

연구팀은 인터류킨-6와 같은 염증 관련 유전자의 발현을 조사한 결과, 높은 뜻을 지닌 사람은 일반적인 의학상식으로 추정되는 수명보다 오래 살고, 심근경색이나 뇌졸중 등에 걸릴 위험이 반으로 줄어들며, 신체 염증 반응도 억제된다는 사실을 발견했다. 큰 뜻을 품으면 부정적 감정을 잘 다스릴 수 있고 신체적 활동도 활발해지며, 기억력이나 뇌의 정보 처리 속도 등 뇌 기능도 연령보다 양호한 상태를 유지할 수 있다는 사실이 밝혀진 것이다.

또 미국 위스콘신대학교 셰퍼(Schaefer, S.M.) 박사 팀은 338명을 대상으로 얼마나 높은 인생의 목적을 지니고 있는지에 관한 설문조사를 실시했다. 평가는 7단계(70점 만점)로 이루어졌는데, 그 결과 높은 인생의 목적을 지닌 사람은 다음과 같은 특징이 있다는 사실을 알게 됐다.

◎ 인생의 역경에서 삶의 의미를 찾아내며 힘들고 괴로운 일도 긍정적으로 받아들인다.
◎ "모든 일은 생각하기 나름"이라는 말의 의미를 진정으로 이해하고 있다.
◎ 인생의 목적을 달성하기 위한 행동을 하도록 자기 자신을 제어할 줄 안다.

이 연구에서는 인생의 목적이 70점 중 20점 이하인 사람은 좌절을 겪었을 때 회복이 더디고, 50점 이상인 사람은 그 속도가 빠르다는 사실 또한 밝혀졌다.

여기서 '좌절을 겪었을 때 회복이 빠르다'는 것은 좌절하지 않는다는 뜻이 아니라, 좌절하게 되는 일이 생겨도 빨리 털고 일어난다는 뜻이다.

미국 러시대학교 보일(Boyle, P.A.) 박사 팀은 인생의 목적과 치매의 연관성에 관한 연구 결과를 발표했다. 연구팀은 1,400명 이상의 고령자의 동의를 얻어, 246명(평균연령 88.2세)의 뇌 기능 및 상태를 조사했다.

연구에 협력한 고령자들은 매년 뇌 건강 진단 및 기억력, 논리사고력을 비롯한 19가지 뇌 기능을 측정하는 테스트를 받았다. 또 설문을 통해 인생의 목적을 가지고 있는지, 만약 가지고 있다면 거기에 얼마나 큰 대의명분이 있는지 조사했다.

그 결과 더 큰 사회적 의미를 내포한 인생의 목적을 지닌 사람은 그렇지 않은 사람보다 알츠하이머형 치매에 걸릴 확률이 2.5배나 낮다는 사실이 밝혀졌다. 설사 치매에 걸린다 하더라도 뇌 기능 저하가 2배나 낮게 나타났다. 또 생전에 동의한 대상자는 사후 부검을 통해 뇌의 상태를 조사했는데, 더 높은 인생의 목적을 지닌 사람은 뇌 세포가 상대적으로 덜 파괴된 것으로 나타났다.

나아가 큰 뜻을 품고 사는 사람은 우울증에 걸릴 확률이 낮고, 인간관계의 범위가 넓으며, 합병증에 걸릴 확률이 낮고, 비교적 양호한 신체기능을 유지하며 수명도 더 긴 경향이 있다는 사실 또한 밝혀졌다.

뇌 단련
POINT

큰 뜻을 품으면 질병에 걸릴 위험이 낮아지는 등 몸과 마음에 좋은 영향을 미친다.

인생의 목적을
발견하는 방법

인생의 목적, 즉 큰 뜻을 품는 것은 몸과 마음에 다양한 이점을 가져다준다.

영국 스털링대학교 루이스(Lewis, G.J.) 박사 팀의 연구에 따르면, 인생의 목적을 지닌 사람은 뇌섬엽이 두꺼워진다고 한다. 즉, 꾸준한 '뇌 단련'을 통해 인생의 목적을 발견하면 뇌섬엽도 덩달아 단련되는 것이다.

간혹 "나에게는 인생의 목적이나 큰 뜻 따위는 없다"고 말하는 사람이 있다. 하지만 정확히 말하면 없는 것이 아니라, 아직 그 존재를 알아차리지 못했을 뿐이다.

대다수 사람은 이미 훌륭한 인생의 목적을 지니고 있다. 나는 진심으로 그렇게 생각한다.

'뇌 단련'을 실천하면 자연히 인생의 목적이 무엇인지 알게 된다고 이야기했는데, 부족하지만 내 경험이 여러분에게 참고가 됐으면 한다.

내 인생의 목적은 '한 명이라도 더 많은 사람에게 마음으로 이어진 인간관계가 얼마나 소중한지 알리는 것. 나아가 그것을 뇌과학적 관점에서 해설하는 것'이다.

실은 이렇게 내 입으로 '인생의 목적'을 이야기할 수 있게 되기까지는 숱한 우여곡절이 있었다. 내가 인생의 목적을 발견할 수 있었던 것은, 감사하는 마음과 긍정적 마인드를 갖는 것이 무엇인지를 그야말로 온갖 고생 끝에 깨달았기 때문이다.

이미 여러 번 이야기했지만 나는 '행복해지고 싶다'거나 '어떻게 하면 행복해질 수 있을까' 하는 생각을 단 한 번도 해본 적이 없었다. 가장 큰 원인은 어린 시절 폭력적인 아버지로부터 받은 마음의 상처였다. 그 상처는 어른이 돼서도 여전히 아물지 않았다.

당시의 나는 "중요한 것은 자신의 삶을 감사하는 마음으로 긍정적으로 받아들이는 것이다"는 말에, "웃기지 마라! 이런 상황에서 어떻게 감사할 수 있단 말인가!" 하며 분개했다.

그때 나는 감사하는 마음이나 긍정적인 마인드를 지닌다는 말의 진정한 의미를 이해하지 못했다.

그것을 조금씩 이해하게 된 것은 내 아내 클레어를 만나고부터, 그리고 이나모리 철학을 알고부터다. 클레어와 가족이 되고 그녀가 온 마음을 다해 나와 딸을 위한다는 사실을 알게 됐을 때, 그리고 그녀가 가족이 아닌 타인을 위해 행동하는 모습을 보며 내 마음도 차츰 변화하기 시작했다.

이나모리 철학 또한 긍정적으로 살아가는 태도와 감사하는 마음이 무엇인지 알려줬다. 그것을 뇌과학적 관점에서 해석하고 수많은 과학적 근거가 그것을 뒷받침한다는 사실을 알게 됐을 때 이나모리 철학은 나에게 더욱 더 설득력 있게 다가왔다.

그렇게 나는 감사하는 마음이 무엇인지 알아가기 시작했다.

2장에서도 설명했듯이, 감사의 뇌 회로를 단련하면 사물을 긍정적으로 받아들이게 된다.

나 또한 그런 과정을 거쳐 지난 인생을 긍정적으로 이해할 수 있게 됐다. 삶을 긍정적으로 바라보기 시작하자 좋지 않은 일이 생겨도 거기에서 '긍정적 의미'를 찾아내는 노력을 하게 됐다.

나는 폭력을 일삼는 아버지에게서 나고 자란 탓에 소통하는 법을 배우지 못했고, 그 영향으로 연애는커녕 보통의 인간관계조차 맺기 어려웠다. 그러나 관점을 달리하면, 인간관계의 소중함을 누구보다 절실히 느낄 수 있는 삶을 살아왔다고도 할 수 있다. 다른 사람과 유대를 맺지 못하는 것이 얼마나 고통스럽고 외로운 일인지를 뼈저리게 느꼈기 때문에 그 고마움을 누구보다 잘 안다.

덕분에 나는 아내와 딸 그리고 일로 맺어진 사람들과 마음이 통하는 관계를 맺으며 지극한 행복감을 느낄 수 있게 됐다. 그 행복감이 나에게 유독 강렬하게 느껴지는 것은 과거의 나는 줄곧 '외톨이'였기 때문이다.

이렇게 생각하면 외톨이로 살아온 시간도 나름의 의미를 지닌다는 것을 알 수 있다. 외톨이로 지내는 동안 나는 연구에 몰두했는데, 이렇게 책을 쓰는 데 그것을 십분 활용하고 있으니 그 또한 헛된 시간은 아니었다.

단지 내 경험담을 예로 들어 마음으로 이어진 인간관계의 소중함을 설명할 수도 있지만, 뇌과학적 관점에서 여러 과학적 근거를 제시하는 편이 더욱 설득력이 있다는 것은 이 책을 읽고 있는 여러분도 동감할 것이다.

나는 이제 내 인생에서 가장 고통스러웠던 경험, 즉 아버지의 가정폭력까지도 냉정하게 돌아볼 여유가 생겼다. 아버지는 태어나자마자 낳아주신 어머니가 돌아가시고 불과 2주 만에 양자로 보내졌다고 한다. 어머니의 따뜻한 품이 가장 필요한 시기에 그것을 잃고 만 것이다.

철이 들 무렵 "너는 입양아다"는 말을 들었을 때 어떤 감정이 들었을까? 이처럼 아버지의 불우한 성장배경에까지 생각이 미치게 된 것은,

부족하기 그지없던 나도 조금은 발전했다는 증거가 아닐까 한다.

이렇게 지난 인생을 몇 번이고 되돌아보는 과정에서 인생의 목적이 차츰 눈에 들어오기 시작했다.

내 경험으로는 무엇보다도 '마음가짐'이 중요하다. "이런 인생을 어떻게 감사할 수 있겠느냐"고 반문하던 내가, 감사하는 마음으로 삶을 긍정적으로 받아들이게 된 것이 인생의 목적을 발견하는 데 결정적 역할을 했다.

이처럼 뇌가 단련된 상태, 즉 셀프리스에 가까운 상태에서 삶을 돌아보면 인생의 목적을 더 쉽게 발견할 수 있을 것이다.

뇌 단련
POINT
: 매사에 감사하며 긍정적 마인드로 자신의 삶을 돌아보면 '인생의 목적'을 발견할 수 있다.

인생의 목적을 발견하는 데
도움이 되는 이타심

감사하는 마음이 충만해지면, 이번에는 타인과 세상에 도움이 되는 일을 하고 싶다, 즉 보답하고 싶다는 마음이 든다.

5장에서 이야기한, 뇌가 태생적으로 지니고 있는 '이타심'이 발동하는 것이다. 이처럼 '이타심'을 지니는 것 또한 인생의 목적을 발견하는 데 도움이 된다.

나는 감사하는 마음과 더불어 아내 클레어를 만나고 이나모리 철학을 알게 되면서 '이타심'이 무엇인지 진정으로 이해하게 됐다. 그 덕분에 늦게나마 '나도 이타적인 삶을 살고 싶다'는 생각을 하게 됐다.

클레어와 함께 살기 위해 귀국을 결정하면서, 일본에서는 사람들에게 더 직접적인 도움을 줄 수 있는 일을 하고 싶다고 생각했다.

사실 그간의 연구활동은 '나 자신'을 위한 것이었다. 연구에 몰두하는 동안은 인간관계에 신경 쓰지 않아도 되니 편했고, 좋은 평가를 받으면 그것으로 만족했다. 누군가에게는 연구 성과가 도움이 됐을지도 모르지만, 솔직히 내 의도는 거기까지 미치지 않았다.

일본에서도 대학교 교수직을 제안받았고 그 편이 소득 면에서 더 매력적이었지만, '누군가에게 도움이 되는 일을 하고 싶다'는 생각을 우선시하기로 했다.

그래서 나는 일본으로 돌아와 작은 커뮤니케이션 스쿨을 열었다.

처음에는 타인과의 소통을 힘들어하는 사람들에게 그것을 극복하는 뇌과학적 방법을 알려주는, 즉 과거의 나와 같은 어려움을 겪는 사람들을 돕는 일을 했다. 그 후 아내와 함께 회사를 설립해 '직원의 행복하고 풍요로운 삶'과 '영업 실적 향상'을 동시에 실현하기 위한 '뇌 훈련 연수'를 기업에 제공하고 있다.

내가 '뇌 훈련 연수'에서 가장 강조하는 메시지는 집단지성을 발휘할 수 있는 '마음으로 이어진 인간관계의 중요성'이다.

뇌 단련
POINT │ **'이타심'은 '인생의 목적'을 발견하는 데 도움이 된다.**

자신의 일을 돌아봄으로써
인생의 목적을 발견할 수 있다

　자신이 하고 있는 일을 돌아봄으로써 '인생의 목적'이 무엇인지 깨닫게 된 사례를 소개하고자 한다. 우리 회사가 연수를 제공하고 있는 가고시마현 가고시마시에 위치한 토목 관련 제조회사의 사원 I 씨가 들려준 이야기다. I 씨는 그 회사에 오랫동안 근무했다. 연수에서 그간 자신이 해온 일을 돌아보는 시간이 있었는데, I 씨는 1993년 8월 6일에 가고시마시에서 발생한 '8·6 수해'를 떠올렸다.

　그해 7월 가고시마현의 강수량이 관측사상 최대치인 1,055 ml를 기록했는데, 곧이어 8월 6일에 또다시 가고시마시에 국지성 집중호우가 쏟아진 것이다. 이로 인해 하천이 범람하고 가고시마시 전체가 물에 잠기며 48명이 사망하고 1명이 행방불명됐으며, 가옥 284채가 전파, 183채가 반파되는 막대한 피해를 입었다.

가고시마에서 토목 관련 제품을 생산하는 I 씨의 회사 입장에서, 가고시마시 중심지가 물에 잠긴다는 것은 마치 자신들이 쌓아올린 성이 함락되는 것이나 다름없는 충격적인 사건이었다.

큰 수해를 겪은 I 씨와 동료 직원들은 "두 번 다시 가고시마시가 함락되는 일이 있어서는 안 된다. 무슨 일이 있어도 도시를 사수하겠다"고 다짐하고 지금까지 한결같은 마음으로 업무에 임하고 있다고 했다.

2019년 7월에 규슈 지방을 덮친 호우 역시 가고시마시에 '8·6 수해'에 필적하는 양의 비를 쏟아부었다. 하지만 다행히 가고시마시의 피해는 크지 않았다. 그리고 2020년 7월에 큰 비가 내렸을 때도 가고시마시는 이렇다 할 피해 없이 잘 견뎌냈다.

이를 계기로 I 씨는 자신이 하는 일이 가고시마시를 지키는 데 일조했음을 실감했다.

가고시마시가 기록적인 호우에도 건재할 수 있었던 것은 I 씨와 그 동료들이 '우리의 도시는 우리가 지킨다'는 굳은 각오로 업무에 임했기 때문이다.

덕분에 I 씨는 가고시마시를 지키기 위해, 나아가 온난화로 인해 대규모 피해가 급증하고 있는 일본의 도시들을 지키기 위해 지금 하는 일에 최선을 다하는 것이야말로 자신의 인생의 목적임을 깨달았다고 한다.

뇌 단련
POINT
:
감사하는 마음, 긍정적 마인드, 이타심을 가지고 자신의 일을 돌아보면 '인생의 목적'을 발견할 수 있다.

혼자서는
'나다움'이 무엇인지 알 수 없다

인생의 목적을 발견하고자 노력할 때, 우리는 그것이 '나다운 것'이길 바란다. 나다운 무언가, 다른 사람과 구별되는 무언가를 찾고 싶은 마음이 드는 것이다.

'나다움'을 발견하는 방법은 인생의 목적을 발견하는 방법과 기본적으로 같다. 즉 매사에 감사하며 긍정적으로 삶을 돌아보면 다른 이에게 환영받는 '나다움'이 무엇인지 자연히 깨닫게 된다. 나 또한 감사의 소중함을 배운 덕분에 이기적인 삶에서 벗어나 나다운 삶의 방식을 찾을 수 있었다.

이와 더불어 '좋은 인간관계'를 구축하는 것도 매우 큰 도움이 됐다.

내 경우에는 감사하는 법을 배우고 긍정적으로 세상을 바라보자, 뜻밖에도 타인과 세상에 도움이 되는 일을 하고 싶다는 마음이 샘솟기 시작했다. 그 생각을 행동으로 옮기려고 보니, 나 혼자 힘으로는 어렵고 다른 사람의 도움을 받거나 협업이 필요하다는 사실을 깨달았다. 그리하여 맺게 된 인간관계 속에서 '나다움'이 무엇인지 배울 수 있었다.

아내 클레어와 함께 회사를 운영하면서 우리는 서로의 특기와 장기를 업무에 활용하고 있다. 즉 서로의 결점을 보완하며 일하고 있다.

나는 논문을 찾아 읽고 콘텐츠를 발굴하는 일은 잘하지만, 그것을 다른 사람에게 알기 쉽게 전달하는 일에는 여전히 서툴다.

클레어는 상대의 마음을 헤아리며 소통하는 능력이 뛰어나고 내가 만든 콘텐츠를 알기 쉽게 설명할 줄 안다.

이처럼 우리 두 사람은 서로 협력함으로써 더 많은 사람에게 우리의 콘텐츠를 전파할 수 있게 됐다. 우리가 각자 무엇을 잘하고 어떤 일에 서툰지를 자각하게 된 것은 두 사람이 한 팀을 이루고 나서다.

처음부터 각자의 장단점을 어느 정도 알고 있었지만 굳이 업무를 분담하지는 않았다. 서로 긴밀히 소통하며 상대가 힘들어하는 부분이 있으면 내 일이 아니라고 생각되더라도 적극적으로 돕는 과정에서 내가 어떤 상황에서 상대에게 도움이 될 수 있는지, 어떤 대목에서 능력을 발휘할 수 있는지를 자연스럽게 알게 됐다. 우리는 이렇게 '나다움'

을 발견했다.

나밖에 모르고 살던 시절에는 알지 못했던, 다른 사람에게 도움이 되는 '나다움'을 깨달은 후 아주 특별한 행복감을 느끼게 됐다.

혼자서는 '나다움'이 무엇인지 알 수 없다. 적어도 내가 경험한 바로는 그렇다.

먼 길을 돌아가는 것처럼 느껴질지 몰라도, 일단은 자기 자신을 위하는 마음은 잠시 접어두고, 타인을 위해 이 세상을 위해 할 수 있는 일이 무엇인지 생각하며 다른 사람과 협력해보길 바란다. 그리고 그 관계 속에서도 함께하는 사람들을 위해 행동해보자. 만약 당신의 행동이 누군가에게 도움이 된다면 감사 인사를 받게 될 것이고, 그 유대는 더욱 깊어질 것이다.

'나다움'은 이처럼 관계 속에서 발견할 수 있다. 그리고 '나다움'을 마음껏 발휘할 수 있을 때, 누군가에게 도움이 됐다고 느껴질 때 당신은 지극한 행복감을 느끼게 될 것이다. 여전히 미숙한 나지만, 내가 걸어온 길을 돌아보면 그렇다.

뇌 단련
POINT

혼자서는 '나다움'이 무엇인지 알 수 없다. 마음으로 이어진 인간관계 속에서 진정한 '나다움'을 발견할 수 있다.

'뇌 단련'으로
미래를 예측할 수 있다

　오늘보다 더 나은 내일을 만들기 위해 '지난 행동을 돌아보고 계획을 세우는 것'은 대단히 중요하다. 하지만 예기치 못한 돌발변수로 인해 기껏 세워둔 계획이 무용지물이 되거나 큰 손해를 입기도 한다. 이런 돌발변수를 미리 예측하고 대책을 세운다면 조금이라도 더 나은 미래를 맞이할 수 있지 않을까?

　5장에서 "뇌 회로는 무의식 중에 미래를 예측하며 환경에 적응해 나간다. 뇌 회로는 미래를 예측하고 수정을 거듭하며 작동한다"고 설명했다.

　이처럼 앞으로 일어날 일을 예측하여 대비하는 것을 '선행예측(피드포워드, feedforward)'이라고 하는데, 이는 인간의 뇌에 태생적으로 장착돼 있는 기능으로 여겨지고 있다.

이 '선행예측'을 실생활에서 활용하면 어떤 일이 벌어질까?

에도시대 후기의 농정가이자 사상가인 니노야마 손토쿠(二宮 尊德. 본래 이름은 尊德를 훈독한 다카노리(たかのり)지만, 음독인 손토쿠(そんとく)로 더 널리 불리며 정착됐다_옮긴이)는 뛰어난 선행예측 능력의 소유자로 잘 알려져 있다.

땔나무 지게를 등에 지고 걸으며 책을 읽는 동상으로 기억되고 있는 그는 간토에서 미나미도호쿠에 이르는 지역의 농촌 부흥과 재정 재건에 힘썼다. 그와 관련해서는 다양한 이야기가 전해지는데, 그중 가장 유명한 것이 '가을 가지' 일화다.

덴포 4년(1833년) 여름, 가지를 먹던 손토쿠는 그 맛이 가을에 나는 가지와 같다는 사실을 알아차렸다. 가을이 오려면 아직 멀었는데 벌써 가을 가지 맛이 난다……. 이를 통해 손토쿠는 그해 여름 기온이 예년보다 크게 낮을 것으로 예측하고, 마을 사람들에게 냉해에 강한 피를 대량으로 심도록 지시했다.

그의 예상대로 그해 여름은 서늘했고 곡식이 제대로 여물지 못해 전국적으로 사상 최악의 기근이 발생했다. 그러나 손토쿠의 마을에서는 피 농사가 풍작을 이뤄 굶어죽은 사람이 한 명도 없었을 뿐만 아니라, 이웃 마을에 여분의 피를 나눠주기까지 했다고 한다.

만약 우리도 이와 같은 선행예측을 할 수 있다면 우리의 미래는 더욱 밝아질 것이다. 손토쿠가 가을 가지의 맛을 알아차렸듯, 선행예측을 하려면 감도가 뛰어난 센서를 갖춰야 한다. 쉽게 말해 '정보에 민감해져야 한다'는 뜻이다.

정보에 민감해지려면 4장에서 소개한 '공동체 사고'를 바탕으로 '좋은 인간관계'를 구축할 필요가 있다.

깊은 신뢰를 바탕으로 마음으로 이어진 인간관계 속에서는 자연스럽게 긴밀한 정보 교환이 이루어진다. 구성원 한 사람 한 사람이 가지고 있는 지식과 정보를 공유하면 매우 민감한 센서를 장착한 것과 같은 효과를 얻을 수 있다.

회사에서 선행예측을 하고자 한다면 먼저 서로를 존중하고 솔직한 의견을 나눌 수 있는 문화가 정착돼야 한다.

만약 상사가 부하의 성과에만 주목하고 좋은 결과를 내지 못했을 때 대뜸 화부터 낸다면, 부하는 실수를 저질렀을 때는 물론 중요한 정보를 얻었을 때도 상사에게 보고하기를 주저하게 될 것이다. 즉, 정보 교류가 단절되는 것이다. 상사가 아무리 민감한 정보 센서를 지니고 있다 하더라도, 제공되는 정보 자체가 없으면 그것은 무용지물이 되고 만다.

반면 서로를 이해하고 솔직한 의견을 나눌 수 있는 문화가 정착된 조직에서는 정보 센서를 충분히 활용할 수 있다. 부하의 성장 과정에 주목하며 그 성과를 함께 기뻐하는 상사에게는 좋은 일이든 나쁜 일이

든 거리낌없이 보고할 수 있다.

더불어 모든 구성원이 긍정적인 마인드를 지니고 서로에게 감사하며 협력하는 관계를 구축한다면 그 조직의 정보 센서 성능은 더욱 향상된다. 그리하여 선행예측이 가능한 조직으로 발전하는 것이다.

즉, '공동체 사고'가 센서의 감도를 높인다고 할 수 있다.

뇌 단련
POINT

'선행예측'을 가능하게 하는 민감한 정보 센서는 '좋은 인간관계'에서 비롯된다.

'행동의 결과'가 가시화되면 뇌는 더욱 성장한다

더 나은 미래를 만드는 방법으로 '선행예측(피드포워드)'을 살펴봤는데, 이번에는 '셀프 모니터링'에 관해 설명하고자 한다.

일본에서 엄청난 열풍이었던 다이어트 방법으로 '레코딩 다이어트'라는 것이 있다. 방법은 간단하다. 날마다 그날 먹은 음식의 총 칼로리나 체중을 측정해 기록하기만 하면 된다.

이를 실천해보지 않은 사람은 '기록하는 것만으로 과연 살이 빠질까?' 하는 의구심이 들겠지만, 다수의 연구자가 그 효과를 입증했다.

미국 드렉셀대학교의 로젠바움(Rosenbaum, D.L.) 박사도 그중 한 사람이다.

미국에서는 여대생의 70%가 대학 입학 후 체중 증가를 경험한다고 한다. 이에 연구팀은 여대생 294명의 협력을 얻어 매일 체중을 측정하고 기록하는 그룹과 아무것도 하지 않는 그룹으로 나눠 연구를 실시했다.

2년 후 두 그룹의 체중 변화를 살펴본 결과, 2년 동안 날마다 체중을 측정하고 기록한 그룹은 아무것도 하지 않는 그룹에 비해 체질량 지수(BMI)는 2.3배, 체지방률은 2.5배 감소했다.

레코딩 다이어트의 효과를 증명한 연구는 이 밖에도 많다.

내가 찾아낸 것만 해도, 날마다 먹은 음식을 기록하는 방법으로 연구한 논문이 14편, 체중을 기록하는 방법으로 연구한 논문이 6편, 어떤 운동을 했는지 기록하는 방법으로 연구한 논문이 1편 존재했다. 그리고 이들 모두가 체중 감소 효과를 확인했다고 한다.

이러한 효과가 나타나는 것은 자신이 취한 행동의 결과가 즉시 가시화되는 일이 되풀이되면 뇌가 그 방향으로 성장하기 때문이다.

예를 들어 밥 양을 줄이고 달콤한 음식을 먹지 않은 날에 체중이 줄면 다음날에도 같은 패턴을 유지하고 싶은 마음이 든다. 체중이 감소한 날 지하철역에서 에스컬레이터를 타지 않고 계단을 걸어 올라갔다는 사실을 깨달으면 다음날에도 계단을 이용해야겠다는 마음이 든다. 이는 온라인 게임에 빠져드는 원리와 같다. 어떤 행동을 취한 결과

높은 점수를 획득하거나 스테이지를 클리어하면 그 행동을 반복하게
된다.

이처럼 행동의 결과가 곧바로 가시화되면 그 행동을 더욱 열심히 하
게 하는 동기가 부여된다.

뇌 단련
POINT

자신이 취한 행동의 결과가 곧바로 가시화되면 뇌는 그 방향으
로 성장한다.

목표를 달성하는 조직의
뇌 사용법

영국 러프버러대학교 웰런(Whelan, M.E.) 박사 팀의 연구에 따르면, 셀프 모니터링을 실천하면 목표를 향해 나아가는 성장의 기쁨을 느끼는 뇌의 네트워크(전전두엽 내측부, 설전부, 후대상피질 등)가 활성화돼 행동의 변화를 일으킨다.

예를 들어 조직의 모든 구성원이 셀프 모니터링을 하게 되면 목표 달성을 위해 열심히 노력하고자 하는 마음이 생겨나고 그것을 행동으로 옮기게 된다. 단, 조직의 모든 구성원이 셀프 모니터링을 하기 위해서는 다음과 같은 요령이 필요하다.

① 성장을 확인할 수 있는 지표를 기록한다

가령 어떤 음식을 먹었는지 기록하는 것만으로는 다이어트가 얼마나 성공적으로 진행되고 있는지 확인하기 어렵다. 먹은 음식의 양이나 칼로리처럼 수치로 표현되는 지표를 기록하는 것이 '내가 얼마나 노력하고 있는지', 즉 '얼마나 성장하고 있는지'를 더욱 직관적으로 이해할 수 있다. 이처럼 성장의 정도를 확인할 수 있는 지표를 기록하는 것이 효과적이다.

한 가지 주의할 점은, 그 기록을 '관리'를 위한 수단으로 이용하지 말아야 한다는 것이다. 만약 성장을 확인하기 위한 기록을 회사에서 직원을 관리하는 데 이용한다면, 셀프 모니터링 회로가 형성되기는커녕 오히려 직원의 사기를 꺾는 결과를 초래할 수도 있다.

이때도 역시 마음을 하나로 모으는 '공동체 사고'가 중요하다.

② 성장을 담보하는 구체적인 행동 계획을 세운다

만약 지금보다 섭취 칼로리를 줄이고 운동량을 늘리면 체중은 더 확실하게 줄어들 것이다.

또 지난달보다 지출을 줄인다면 저축액을 확실하게 늘릴 수 있다.

이처럼 확실한 성장을 담보하는 구체적인 행동 계획을 세우면 사람은 더욱 열심히 노력하게 된다.

③ '성장하고 있음'을 인식한다

어떤 일이든 고통스럽게 느껴지면 지속할 수 없다. 하지만 조금이라도 자신이 성장하고 있음을 실감하면 아무리 힘든 일도 지속할 수 있다.

이때 중요한 것은 주위 사람의 적절한 서포트다.

본인이 성장하고 있음을 깨닫지 못하고 있다면 그것을 찾아내 일깨워주고 그 노력을 응원하는 등 주변의 긍정적인 관여가 매우 중요하다.

지금까지 '선행예측'과 '셀프 모니터링'이라는 뇌 사용법을 소개했다. 이들 방법을 효과적으로 실천하기 위해서도 '뇌 단련(감사하기, 긍정적마인드 갖기, 좋은 인간관계 구축하기, 이타심 갖기)'이 필요하다.

즉, 이 요소들이 복합적으로 작용할 때 더 나은 미래를 향해 도전하는 과정 자체가 소중한 사람들과 행복하고 풍요롭게 살아가는 삶이 될 것이다.

뇌 단련
POINT

'뇌 단련'이 복합적으로 작용할 때 우리는 더 나은 미래를 향해 행복하고 풍요롭게 살아갈 수 있다.

누구나 행복하고
── 풍요로운 삶을 꾸릴 수 있다 ──

| 75년에 걸친 하버드대학교의 연구를 진정으로 이해한 순간 |

"그래서 아버님의 가정폭력은 이제 멈췄나요?"

어느 강연회에서 받은 질문이다.

안타깝게도 내 아버지의 폭력적인 성향은 여전하다. 전혀 고쳐지지 않았다.

질문자는 아버지의 폭력적 성향이 사라질 때 비로소 이 스토리가 완성된다고 생각한 듯하다.

나를 낳아준 아버지와의 관계는 여전히 회복되지 않았지만, 나와 피한 방울 섞이지 않은 내 딸 덕분에 '가족'의 진정한 의미를 알게 됐다.

우리가 결혼하기 전 클레어는 전남편과의 사이에서 딸을 하나 낳아 이혼 후 홀로 키우고 있었다.

결혼 초기 나는 '부모가 된 이상 가정교육을 제대로 해야 한다!'라는 생각에, 아이가 잘못한 점을 지적하고 훈육하는 데 집중했다. 그것이 부모의 본분이라고 생각했는데, 시간이 흐를수록 딸과의 관계는 험악해지기만 했다.

어느 날, 보다 못한 클레어가 아이의 좋은 면도 봐달라고 부탁했다. 이를 계기로 나는 반성하고 아이의 장점을 찾아내기 시작했다. 그러자 아이의 훌륭한 면모가 눈에 들어오기 시작했고, 함께 있는 것만으로도 감사한 마음이 샘솟았다.

그리고 그 마음을 말로 표현하기 시작했다. "나와 가족이 돼줘서 고마워", "오늘도 고마워", "함께 있는 것만으로도 기분이 좋아지는구나", "오늘도 학교에 잘 다녀와줘서 고마워" 하고, 특별한 일이 없어도 그 순간에 느껴지는 감정을 솔직하게 표현했다.

시간이 흐르자 딸아이도 마음을 열기 시작했고, 엄마에게 말하기 어려운 일을 내게 먼저 의논할 정도로 우리 사이는 가까워졌다.

어느 날 저녁, 함께 조깅을 하다가 "한 가족으로 살게 돼서 정말 좋다"는 말이 내 입에서 툭 튀어나왔다.

그러자 딸아이가 명랑한 목소리로 "응!"이라고 대답했다. 그 한마디에서 아이의 진심이 느껴져 그렇게 기쁠 수가 없었다.

나중에 "우리가 가족이 된 게 왜 좋아?"라고 물으니, "무슨 일이 있어도 나를 미워하지 않을 테니까"라는 답이 돌아왔다. 내 딸은 나에게 혈연으로 묶이지 않아도 진정한 '가족'이 될 수 있음을 가르쳐줬다.

그것은 '마음으로 이어진 따뜻한 인간관계를 맺으면, 성장 배경이 어떠하든, 행복하고 풍요로운 삶을 꾸려 나갈 수 있다'는, 75년에 걸친 하버드대학교의 연구 결과를 머리가 아닌 가슴으로 이해하는 순간이었다.

| '집단지성'의 소용돌이가 커질 때 미래는 달라진다 |

가족, 학교, 직장, 지역 등 어떤 커뮤니티에 소속돼 있든 '마음을 하나로 모을 수 있는 인간관계'를 형성한다면 그 유대를 바탕으로 '집단지성'을 발휘할 수 있다.

이를 통해 정신적인 면에서도 물질적인 면에서도 진정으로 행복하고 풍요로운 삶을 살 수 있다고 나는 확신한다.

'집단지성'은 매우 특이한 성질을 지니고 있다. 자연계에서 소용돌이가 발생하듯 생겨나 성장해 나가는 것이다. 처음에는 작고 느리게 맴

돌던 회오리바람이 시간이 지날수록 점점 크게 소용돌이치다 급기야 맹렬한 기세로 모든 것을 집어삼키는 토네이도로 발전하듯 말이다.

'집단지성'도 마찬가지다. 그 위대함에 먼저 눈을 뜬 사람들이 소용돌이의 핵이 되고 거기에 공감한 사람들이 합세하면서 그 에너지가 점점 크고 강해진다. 마침내 '집단지성'을 믿지 않던 사람들마저 그 소용돌이에 빨려들게 된다.

우리는 기업연수와 뇌 단련 모임을 통해 '마음을 하나로 모을 수 있는 인간관계'가 물심양면으로 사람을 얼마나 행복하게 하는지 목격했다. 그리고 작은 회오리바람이 토네이도로 발전하듯 '집단지성'이 성장해 나가는 과정을 두 눈으로 지켜봤다.

| '뇌 단련'이 당연하게 여겨지는 세상을 꿈꾼다 |

현대사회에서 이를 닦는 것은 너무도 당연한 관습으로 여겨지고 있다.

이와 마찬가지로 날마다 뇌를 갈고 닦는 '뇌 단련'이 당연시되는 세상. '집단지성'의 위대함을 깨달은 사람들이 만들어내는 소용돌이가 점점 커져 '뇌 단련'이 온 세상으로 퍼져 나가기를 나는 염원한다.

그런 세상에서는 모두가 서로의 다름을 존중하고 '마음으로 이어진 따뜻한 인간관계'를 소중히 여기며 함께 진화해 나간다. 한 사람 한 사람이 자기답게, 하루하루를 설레는 마음으로 행복하고 풍요롭게 살아간다. 사람과 사람의 유대 하나하나가 빛나는 미래를 만들어 나간다. '뇌섬엽'이 진화한 덕분에 호모 사피엔스는 현생 인류로 생존할 수 있었다. 그 '뇌섬엽'을 더욱 적극적으로 활용하는 것이 지금보다 더 빛나는 인류의 미래로 이어질 것이라고 믿는다.

그것이 몇십 년 후가 될지, 몇백 년 후가 될지는 알 수 없다.

그날이 오면, 마음으로 이어진 인간관계는 절대 불가능할 것만 같은 내 아버지 같은 사람도 그 위대함에 눈을 뜨게 될 것이다.

그때는 아버지도 나도 이 세상에 없겠지만, 그것이 내가 바라는 이 이야기의 결말이다.

이 같은 깨달음을 얻기 위해 내 아버지에게서 내가 태어났고, 클레어와 부부의 연을 맺고 딸을 얻은 덕에 피 한 방울 섞이지 않아도 마음으로 이어진 인간관계를 맺을 수 있음을 알게 됐다.

내 아내 클레어, 우리 딸 그리고 내 아버지가 있었기에 이 책의 근간을 이루는 깨달음을 얻을 수 있었다.

그리고 뇌 단련 모임 동료들과 뇌 훈련 연수를 도입해주신 기업 관계자 여러분께도 진심으로 감사를 전한다.

나 혼자 힘으로는 절대 이 책을 세상에 내놓을 수 없었을 것이다. 선마크출판의 가네코 나오미(金子 尚美) 님, 오자와 유키(尾澤 佑紀) 님, 구성을 도와주신 야마다 유카(山田 由佳) 님, 그리고 다카하시 도모히로(高橋 朋宏) 님, 북퀄리티 관계자 여러분을 비롯해 참으로 많은 분께서 이 책의 제작에 힘써주셨다.

나는 어쩌다 보니 운 좋게 저자의 역할을 맡았을 뿐이다. 다시 한번 이 책이 만들어지기까지 노고를 아끼지 않은 여러분께 감사의 마음을 전하며 글을 마치고자 한다.

"진심으로 감사합니다."

● 참고문헌 ●

• 《카르마 경영》 이나모리 가즈오, 선마크출판

1장

• Mauss, I.B., Tamir, M., Anderson, C.L., & Savino, N. S. (2011) Can seeking happiness make people unhappy? Paradoxical effects of valuing happiness. *Emotion*. 11(4), 807-815.

• Lerner, J.S., Li, Y., & Weber, E.U. (2013) The financial costs of sadness. *Psychological Science*. 24(1), 72-79.

• Jebb, A.T., Louis, T., Diener, E., & Oishi, S. (2018) Happiness, income satiation, and turning points around the world. *Nature Human Behavior*. 2, 33-38.

• Diener, E., & Seligman, M.E.P. (2004) Beyond money: toward an economy of well-being. *Psychological science in the public Interest*. 5(1), 1-31.

• Kasser, T., Rosenblum, K.L., Sameroff, A.J., Deci, E.L., Niemiec, C.P., Ryan, R.M., & Árnadóttir, O., Bond, R., Dittmar, H., Dungan, N., Hawks, S. (2014) Changes in materialism, changes in psychological well-being: Evidence from three longitudinal studies and an intervention experiment. *Motivation and Emotion*. 38, 1-22.

• Heckman, J.J., & Rubinstein, Y. (2001) The importance of noncognitive skills: lessons from the GED testing program. *The American Economic Review*. 91(2), 145-149.

- Heckman, J.J., Stixrud, J., & Urzua, S. (2006) The effects of cognitive and noncognitive abilities on labor market outcomes and social behavior. *Journal of Labor Economics*. 24(3), 411–482.

- Casey, B.J., Somerville, L.H., Gotlib, I.H., Ayduk, O., Franklin, N.T., Askren, M.K., Jonides, J., Berman, M.G., Wilson, N.L., Teslovich, T., Glover, G., Zayas, V., Mischel, W., & Shoda, Y. (2011) Behavioral and neural correlates of delay of gratification 40 years later. *Proceedings of the National Academy of Sciences*. 108(36), 14998–15003.

- Moffitt, T.E., Arseneault, L., Belsky, D., Dickson, N., Hancox, R.J., Harrington, H., Houts, R., Poulton, R., Roberts, B.W., Ross, S., Sears, M.R., Thomson, W.M., & Caspi, A. (2011) A gradient of childhood self-control predicts health, wealth, and public safety. *Proceedings of the National Academy of Sciences*. 108(7), 2693–2698.

- Urquijo, I., Extremera,N., & Azanza, G. (2019) The contribution of emotional intelligence to career success: Beyond personality traits. *International Journal of Environmental Research and Public Health*. 16(23), 4809.

- Deming, D.J. (2017) The growing importance of social skills in the labor market. *The Quarterly Journal of Economics*. 132(4), 1593–1640.

- Lutz, A., Greischar, L.L., Rawlings, N.B., Ricard, M., & Davidson, R.J. (2004) Long-term meditators self-induce high-amplitude gamma synchrony during mental practice. *Proceedings of the National Academy of Sciences*. 101 (46), 16369–16373.

- Lewis, G.J., Kanai, R., Rees, G., & Bates, T.C. (2014) Neural correlates of the ‘good life’: Eudaimonic well-being is associated with insular cortex volume. *Social Cognitive and Affective Neuroscience.* 9(5), 615-618.

- Draganski B., Gaser C., Busch V., Schuierer G., Bogdahn U., & May, A. (2004) Changes in grey matter induced by training. *Nature.* 427(6972), 311-312.

- Boyke, J., Driemeyer, J., Gaser, C., Büchel, C., & May, A. (2008) Training-induced brain structure changes in the elderly. *The Journal of Neuroscience.* 28(28), 7031-7035.

- Gogolla, N. (2017) The insular cortex. *Current Biology.* 27(12), R580-R586.

- Craig, A.D. (2009) How do you feel - now? The anterior insula and human awareness. *Nature Reviews Neuroscience.* 10(1), 59-70.

2장

- Armenta, C.N., Fritz, M.M., & Lyubomirsky, S. (2017) Functions of positive emotions: Gratitude as a motivator of self-improvement and positive change. *Emotion Review.* 9, 183-190.

- Hartanto, A., Lee, S.T.H., & Yong, J.C. (2019) Dispositional gratitude moderates the association between socioeconomic status and interleukin-6. *Scientific Reports.* 9, 802.

- Tulbure, B.T. (2015) Appreciating the positive protects us from negative emotions: The relationship between gratitude, depression and religiosity. *Procedia - Social and Behavioral Sciences.* 187, 475-480.

- Dickens, L., & DeSteno, D. (2016) The grateful are patient: heightened daily gratitude is associated with attenuated temporal discounting.

Emotion. 16(4), 421-425.

- Breines, J.G., & Chen, S. (2012) Self-compassion increases self-improvement motivation. *Personality & Social Psychology Bulletin.* 38(9), 1133-1143.

3장

- Creswell, J.D., Dutcher, J.M., Klein, W.M., Harris, P.R., & Levine, J.M. (2013) Self-affirmation improves problem-solving under stress. *Plos One.* 8(5), e62593.
- Hall, C.C., Zhao, J., & Shafir, E. (2014) Self-affirmation among the poor: Cognitive and behavioral implications. *Psychological Science.* 25(2), 619-625.
- Pekrun, R., Goetz, T., Perry, R.P., Kramer, K., Hochstadt, M., & Molfenter, S. (2004) Beyond test anxiety: development and validation of the test emotions questionnaire (TEQ). *Anxiety, Stress & Coping.* 17(3), 287-316.
- Boehm, J.K., & Lyubomirsky, S. (2008) Does happiness promote career success? *Journal of Career Assessment.* 16(1), 101-116.
- Martín-Loeches, M., Sel, A., Casado, P., Jiménez, L., & Castellanos, L. (2009) Encouraging expressions affect the brain and alter visual attention. *Plos One.* 4(6), e5920.
- Armenta, C.N., Fritz, M.M., & Lyubomirsky, S. (2017) Functions of positive emotions: gratitude as a motivator of self-improvement and positive change. *Emotion Review.* 9(3), 183-190.

- Intasao, N., & Hao, N. (2018) Beliefs about creativity influence creative performance: the mediation effects of flexibility and positive affect. *Frontiers in Psychology.* 9, 1810.

- Harker, L., & Keltner, D. (2001) Expressions of positive emotion in women's college yearbook pictures and their relationship to personality and life outcomes across adulthood. *Journal of Personality and Social Psychology.* 80(1), 112–124.

- Havas, D.A., Glenberg, A.M., Gutowski, K.A., Lucarelli, M.J., & Davidson, R.J. (2010) Cosmetic use of botulinum toxin-A affects processing of emotional language. *Psychological Science.* 21(7), 895–900.

- Lewis, M.B. (2018) The interactions between botulinum-toxin-based facial treatments and embodied emotions. *Scientific Reports.* 8, 14720.

- Choy, E.E.H., & Cheung, H. (2018) Time perspective, control, and affect mediate the relation between regulatory mode and procrastination. *Plos One.* 13(12), e0207912.

- Burgers, C., Eden, A., Engelenburg, M.D., & Buningh, S. (2015) How feedback boosts motivation and play in a brain-training game. *Computers in Human Behavior.* 48, 94–103.

- Woolley, K., & Fishbach, A. (2018) It's about time: earlier rewards increase intrinsic motivation. *Journal of Personality and Social Psychology.* 114(6), 877–890.

- Grant, H., & Dweck, C.S. (2003) Clarifying achievement goals and their impact. *Journal of Personality and Social Psychology.* 85(3), 541–553.

- Fredrickson, B.L., Grewen, K.M., Coffey, K.A., Algoe, S.B., Firestine,

A.M., Arevalo, J., Ma, J., & Cole, S.W. (2013) A functional genomic perspective on human well-being. *Proceedings of the National Academy of Sciences.* 110(33), 13684-13689.

- May, J., Andrade, J., Batey, H., Berry, L.-M., & Kavanagh, D.J. (2010) Less food for thought. Impact of attentional instructions on intrusive thoughts about snack foods. *Appetite.* 55(2), 279-287.

- Goldin, P.R., McRae, K., Ramel, W., & Gross, J.J. (2008) The neural bases of emotion regulation: reappraisal and suppression of negative emotion. *Biological Psychiatry.* 63(6), 577-586.

- Goldin, P.R., Moodie, C.A., & Gross, J.J. (2019) Acceptance versus reappraisal: behavioral, autonomic, and neural effects. *Cognitive, Affective, & Behavioral Neuroscience.* 19, 927-944.

- Grecucci, A., Giorgetta, C., Bonnie, N., & Sanfey, A.G. (2013) Reappraising social emotions: The role of inferior frontal gyrus, temporo-parietal junction and insula in interpersonal emotion regulation. *Frontiers in Human Neuroscience.* 7, 523.

4장

- Vaillant, G.E. (2015) Triumphs of experience: The men of the Harvard Grant Study. *Belknap Press.* 1 edition.

- Cacioppo, S., Capitanio, J.P., & Cacioppo, J.T. (2014) Toward a neurology of loneliness. *Psychological Bulletin.* 140(6), 1464-1504.

- Quinones, P.A., Kirchberger, I., Heier, M., Kuch, B., Trentinaglia, I., Mielck, A., Peters, A., Scheidt, W.V., & Meisinger, C. (2014) Marital status shows a strong protective effect on long-term mortality among first acute myocardial infarction-survivors with diagnosed hyperlipidemia-findings from the MONICA/KORA myocardial infarction registry. *BMC Public Health.* 14, 98.

- Ditzen, B., Hoppmann, C., & Klumb, P. (2008) Positive couple interactions and daily cortisol: on the stress-protecting role of intimacy. *Psychosomatic Medicine.* 70(3), 883-889.

- Castellano, S., Parra, G., Sánchez-Quinto, F., Racimo, F., et al. (2014) Patterns of coding variation in the complete exomes of three Neandertals. *Proceedings of the National Academy of Sciences.* 111(18), 6666-6671.

- Coombs, R.H., & Fawzy, F.I. (1982) The effect of marital status on stress in medical school. *The American Journal of Psychiatry.* 139(11), 1490-1493.

- Li, H., Li, W., Wei, D., Chen, Q., Jackson, T., Zhang, Q., & Qiu, J. (2014) Examining brain structures associated with perceived stress in a large sample of young adults via voxel-based morphometry. *NeuroImage.* 92, 1-7.

- Sippel, L.M., Allington, C.E., Pietrzak, R.H., Harpaz-Rotem, I., Mayes, L.C., & Olff, M. (2017) Oxytocin and stress-related disorders: neurobiological mechanisms and treatment opportunities. *Chronic Stress.* 1, 1-15.

- Zhao, W., Geng, Y., Luo, L., Zhiying, Z., Ma, X., Xu, L., Yao, S., & Kendrick, K.M. (2017) Oxytocin increases the perceived value of both self- and other-owned items and alters medial prefrontal cortex activity in an endowment task. *Frontiers in Human Neuroscience.* 11, 272.

- Woolley, A.W., Chabris, C.F., Pentland, A., Hashmi, N., & Malone, T.W. (2010) Evidence for a collective intelligence factor in the performance of human groups. *Science.* 330(6004), 686-688.

- Schroder, H.S., Fisher, M.E., Lin, Y., Lo, S.L., Danovitch, J.H., & Moser, J.S. (2017) Neural evidence for enhanced attention to mistakes among school-aged children with a growth mindset. *Developmental Cognitive Neuroscience.* 24, 42-50.

- Mangels, J.A., Butterfield, B., Lamb, J., Good, C., & Dweck, C.S. (2006) Why do beliefs about intelligence influence learning success? A social cognitive neuroscience model. *Social Cognitive and Affective Neuroscience.* 1(2), 75-86.

- Triplett, N. (1898) The dynamogenic factors in pacemaking and competition. *The American Journal of Psychology.* 9(4), 507-533.

- Monfardini, E., Redouté, J., Hadj-Bouziane, F., Hynaux, C., Fradin, J., Huguet, P., Costes, N., & Meunier, M. (2016) Others' sheer presence boosts brain activity in the attention (but not the motivation) network. *Cerebral Cortex.* 26(6), 2427-2439.

- Chib, V.S., Adachi, R., & O'Doherty, J.P. (2018) Neural substrates of social facilitation effects on incentive-based performance. *Social Cognitive and Affective Neuroscience.* 13(4), 391-403.

5장

- Eriksson, K., Vartanova, I., Strimling, P., & Simpson, B. (2020)

Generosity pays: selfish people have fewer children and earn less money. *Journal of Personality and Social Psychology*. 118(3), 532–544.

- Örtqvist, D. (2020) Performance outcomes from reciprocal altruism: a multi-level model. *Journal of Small Business & Entrepreneurship*. 32(3), 227–240.

- Hein, G., Morishima, Y., Leiberg, S., Sul, S., & Fehr, E. (2016) The brain's functional network architecture reveals human motives. *Science*. 351(6277), 1074–1078.

- Sonne, J.W., & Gash, D.M. (2018) Psychopathy to altruism: neurobiology of the selfish–selfless spectrum. *Frontiers in Psychology*. 9, 575.

- Klimecki, O.M., Leiberg, S., Ricard, M., & Singer, T. (2014) Differential pattern of functional brain plasticity after compassion and empathy training. *Social Cognitive and Affective Neuroscience*. 9(6), 873–879.

- Schwartz, C., Meisenhelder, J.B., Ma, Y., & Reed, G. (2003) Altruistic social interest behaviors are associated with better mental health. *Psychosomatic Medicine*. 65(5), 778–785.

- Christov-Moore, L., Sugiyama, T., Grigaityte, K., & Iacoboni, M. (2017) Increasing generosity by disrupting prefrontal cortex. *Social Neuroscience*. 12(2), 174–181.

- Brethel-Haurwitz, K.M., Cardinale, E.M., Vekaria, K.M., Robertson, E.L., Walitt, B., VanMeter, J.W., & Marsh, A.A. (2018) Extraordinary altruists exhibit enhanced self-other overlap in neural responses to distress. *Psychological Scien*ce. 29(10), 1631–1641.

6장

- Gard, T., Taquet, M., Dixit, R., Hölzel, B.K., Dickerson, B.C., & Lazar, S.W. (2015) Greater widespread functional connectivity of the caudate in older adults who practice kripalu yoga and vipassana meditation than in controls. *Frontiers in Human Neuroscience.* 9, 137.

- Gard, T., Hölzel, B.K., & Lazar, S.W. (2014) The potential effects of meditation on age-related cognitive decline: a systematic review. *Annals of the New York Academy of Sciences.* 1307(1), 89-103.

- Gard, T., Taquet, M., Dixit, R., Hölzel, B.K., Montjoye, Y.-A., Brach, N., Salat, D., Dickerson, B.C., Gray, J.R., & Lazar, S.W. (2014) Fluid intelligence and brain functional organization in aging yoga and meditation practitioners. *Frontiers in Aging Neuroscience.* 6, 76.

- Mendioroz, M., Puebla-Guedea, M., Montero-Marín, J., Urdánoz-Casado, A., et al. (2020) Telomere length correlates with subtelomeric DNA methylation in long-term mindfulness practitioners. *Scientific Reports.* 10, 4564.

- Carlson, L.E., & Garland, S.N. (2005) Impact of mindfulness-based stress reduction (MBSR) on sleep, mood, stress and fatigue symptoms in cancer outpatients. *International Journal of Behavioral Medicine.* 12(4), 278-285.

- Mrazek, M.D., Franklin, M.S., Phillips, D.T., Baird, B., & Schooler, J.W. (2013) Mindfulness training improves working memory capacity and GRE performance while reducing mind wandering. *Psychological Science.* 24(5), 776-781.

- Greenberg, J., Reiner, K., & Meiran, N. (2012) "Mind the trap":

mindfulness practice reduces cognitive rigidity. *Plos One.* 7(5), e36206

- Alexander, C.N., Langer, E.J., Newman, R.I., Chandler, H.M., & Davies, J.L. (1989) Transcendental meditation, mindfulness, and longevity: an experimental study with the elderly. *Journal of Personality and Social Psychology.* 57(6), 950–964.

- Davidson, R.J., Kabat-Zinn, J., Schumacher, J., Rosenkranz, M., et al. (2003) Alterations in brain and immune function produced by mindfulness meditation. *Psychosomatic Medicine.* 65(4), 564–570.

- Daubenmier, J., Moran, P.J., Kristeller, J., Acree, M., et al. (2016) Effects of a mindfulness-based weight loss intervention in adults with obesity: a randomized clinical trial. *Obesity.* 24(4), 794–804.

- Zeidan, F., Emerson, N.M., Farris, S.R., Ray, J.N., et al. (2015) Mindfulness meditation-based pain relief employs different neural mechanisms than placebo and sham mindfulness meditation-induced analgesia. *Journal of Neuroscience.* 35(46), 15307–15325.

- Wells, R.E., Burch, R., Paulsen, R.H., Wayne, P.M., Houle, T.T., & Loder, E. (2014) Meditation for migraines: A pilot randomized controlled trial. *Headache.* 54(9), 1484–1495.

- Montull, L., Vázquez, P., Rocas, L., Hristovski, R., & Balagué, N. (2020) Flow as an embodied state. Informed awareness of slackline walking. *Frontiers in Psychology.* 10, 2993.

- Leroy, A., & Cheron, G. (2020) EEG dynamics and neural generators of psychological flow during one tightrope performance. *Scientific Reports.* 10, 12449.

- Hasenkamp, W., & Barsalou, L.W. (2012) Effects of meditation experience on functional connectivity of distributed brain networks. *Frontiers in Human Neuroscience*. 6, 38.

- Sevinc, G., Greenberg, J., Hölzel, B.K., Gard, T., Calahan, T., et al. (2020) Hippocampal circuits underlie improvements in self-reported anxiety following mindfulness training. *Brain and Behavior*. e01766.

- Kiken, L.G., & Shook, N.J. (2014) Does mindfulness attenuate thoughts emphasizing negativity, but not positivity? *Journal of Research in Personality*. 53, 22–30.

7장

- Stellar, J.E., Gordon, A.M., Anderson, C.L., Piff, P.K., McNeil, G.D., & Keltner, D. (2018) Awe and humility. *Journal of Personality and Social Psychology*. 114(2), 258–269.

- John Templeton Foundation (2018) The science of awe. *Greater Good Science Center*.

- Zhao, H., Zhang, H., Xu, Y., He, W., & Lu, J. (2019) Why are people high in dispositional awe happier? The roles of meaning in life and materialism. *Frontiers in Psychology*. 10, 1208.

- Li, J.-J., Dou, K., Wang, Y.-J., & Nie, Y.-G. (2019) Why awe promotes prosocial behaviors? The mediating effects of future time perspective and self-transcendence meaning of life. *Frontiers in Psychology*. 10, 1140.

- Piff, P.K., Dietze, P., Feinberg, M., Stancato, D.M., & Keltner, D. (2015) Awe, the small self, and prosocial behavior. *Journal of Personality and*

Social Psychology. 108(6), 883-899.

- Shiota, M.N., & Keltner, D. (2007) The nature of awe: elicitors, appraisals, and effects on selfconcept. *Cognition and Emotion.* 21(5), 944-963.

- Elk, M., & Rotteveel, M. (2020) Experimentally induced awe does not affect implicit and explicit time perception. *Attention, Perception & Psychophysics.* 82(3), 926-937.

- Elk, M., Gomez, M.A.A., Zwaag, W., Schie, H.T., & Sauter, D. (2019) The neural correlates of the awe experience: reduced default mode network activity during feelings of awe. *Human Brain Mapping.* 40(12), 3561-3574.

8장

- Ryff, C.D., Heller, A.S., Schaefer, S.M., Reekum, C., & Davidson, R.J. (2016) Purposeful engagement, healthy aging, and the brain. *Current Behavioral Neuroscience Reports.* 3(4), 318-327.

- Schaefer, S.M., Boylan, J.M., Reekum, C., Lapate, R.C., Norris, C.J., Ryff, C.D., & Davidson, R.J. (2013) Purpose in life predicts better emotional recovery from negative stimuli. *Plos One.* 8(11), e80329.

- Boyle, P.A., Buchman, A.S., Wilson, R.S., Yu, L., Schneider, J.A., & Bennett, D.A. (2012) Effect of purpose in life on the relation between Alzheimer disease pathologic changes on cognitive function in advanced age. *Archives of General Psychiatry.* 69(5), 499-505.

- Rosenbaum, D.L., Clark, M.H., Convertino, A.D., Call, C.C., Forman,

E.M., & Butryn, M.L. (2018) Examination of nutrition literacy and quality of self-monitoring in behavioral weight loss. *Annals of Behavioral Medicine*. 52(9), 809-816.

- Whelan, M.E., Morgan, P.S., Sherar, L.B., Kingsnorth, A.P., Magistro, D., & Esliger, D.W. (2017) Brain activation in response to personalized behavioral and physiological feedback from selfmonitoring technology: pilot study. *Journal of Medical Internet Research*. 19(11), e384.

- Lee, W., & Reeve, J. (2013) Self-determined, but not non-self-determined, motivation predicts activations in the anterior insular cortex: An fMRI study of personal agency. *Social Cognitive and Affective Neuroscience*. 8(5), 538-545.

행복을 끌어당기는 뇌과학

초판 1쇄 인쇄 2022년 1월 25일
초판 1쇄 발행 2022년 2월 4일

지은이 이와사키 이치로
옮긴이 김은선
펴낸이 신경렬

편집장 유승현 책임편집 최혜빈
기획편집부 최장욱 김이한
마케팅 장현기
홍보 박수진
디자인 박현경
경영기획 김정숙 김태희
제작 유수경

표지 및 본문 디자인 엔드디자인

펴낸곳 ㈜더난콘텐츠그룹
출판등록 2011년 6월 2일 제2011-000158호
주소 04043 서울시 마포구 양화로12길 16, 7층(서교동, 더난빌딩)
전화 (02)325-2525 | 팩스 (02)325-9007
이메일 book@thenanbiz.com | 홈페이지 www.thenanbiz.com

ISBN 978-89-8405-845-3 03190